発達心理学概論

向田久美子

(新訂)発達心理学概論('17)
©2017　向田久美子

装丁・ブックデザイン：畑中　猛

まえがき

　本書は，初めて発達心理学を学ぶ人を対象として作られました。人は誰でも，赤ちゃんとして生まれ，子ども時代を過ごし，青年期を経て，成人になり，やがて老い，死を迎えます。人類の誕生とともに繰り返されてきたこのプロセスを，科学的に探究するのが発達心理学です。

　発達心理学（当時は児童心理学と呼ばれていました）が誕生したのは，19世紀末のことですが，おそらくそれ以前にも，人びとは発達について経験的に，また口承を通して理解していたものと思われます。例えば，「三つ子の魂百まで」ということわざがあります。このことわざは，「幼い頃の性質は年を取っても変わらない」ことを意味していますが，時として「3歳ごろまでの経験が一生を左右する」といった主旨で用いられることもあります。前者は発達における遺伝要因の強さを，後者は早期教育や初期経験の重要性を強調していると言えるでしょう。

　これらの考えの妥当性については本書を読んでいただくとして，人間の発達は，一つの要因だけで決まるものではないことをお伝えしておきたいと思います。人の発達は80年以上の長きにわたって続きますし，その間，環境との相互作用は絶えず行われています。遺伝や環境による制約，そして手助けを受けながら，個人が主体的に生きる場や道筋を紡ぎ出していくプロセスこそが，発達だと言えるでしょう。

*

　本書では，人間の一生を，乳児期から老年期まで7つの段階に分け，各時期にどのような心身の変化が生じ，どのような経験をしやすいのかをみていきます（第4章〜第13章）。また，最初の3章（第1章〜第3章）で発達の捉え方や基礎理論，研究方法を紹介し，最後の2章（第14章と

第15章）では，個人を取り巻く環境要因として，メディアと文化を取り上げ，それらと発達との関連について論じていきます。

　本書の執筆，そして放送授業は，筆者を含む4人の講師が担当しました。4人で議論を重ねながら，発達心理学の研究成果を，初学者にとってわかりやすく伝えられるよう努力しました。また，発達のあり方は，時代や環境によっても変わりますので，その点についても言及するようにしました。本書が，人間の発達全般を理解するとともに，読者の自己理解や他者理解を深める一助になれば幸いです。

　発達の面白さや奥深さに目覚めた方は，より専門的な学びへと歩みを進めてください。「乳幼児心理学」など，発達段階ごとに詳細に論じた書物もありますし，「情緒の発達」など，テーマごとに掘り下げた書物もあります。本書を入口として，みなさまがご自分の興味に沿って学びを深められることを期待しています。

2016（平成28）年10月
向田久美子

目次

まえがき　　向田久美子　3

1　発達とは　　｜向田久美子　9
1．発達（development）とは　9
2．発達段階　11
3．遺伝と環境　13
4．人間の発達の特殊性―生理的早産　15
5．初期経験とその影響　17

2　発達心理学の諸理論　　｜向田久美子　21
1．ピアジェの発生的認識論　21
2．ヴィゴツキーの発達の最近接領域　23
3．エリクソンのライフサイクル論　25
4．ブロンフェンブレンナーの生態学的発達理論　27
5．バルテスの生涯発達理論　29

3　発達研究の方法　　｜上原　泉　35
1．発達過程を追う　35
2．乳幼児を調べる　40
3．他の手法や分析法　46

4 乳児期の発達：知覚とコミュニケーション
　　　　　　　　　　　　　　　　　　　｜上原　泉　51

　　1．姿勢，身体運動の発達と身体指標　51
　　2．感覚・知覚の発達　55
　　3．コミュニケーションの発達　60

5 乳児期の発達：アタッチメントの形成
　　　　　　　　　　　　　　　　　　　｜福島　朋子　67

　　1．アタッチメントとは　67
　　2．アタッチメントの働き　69
　　3．アタッチメントの個人差　72
　　4．アタッチメントの連続性と世代間伝達　76

6 幼児期の発達：言葉と認知　｜上原　泉　81

　　1．言葉の発達　81
　　2．心的活動と心の理解　85
　　3．思い出の形成と振り返りの始まり
　　　　―自己の認知の内面化　90

7 幼児期の発達：自己と社会性　｜塘　利枝子　97

　　1．自己の知覚　97
　　2．自己意識の発達　101
　　3．社会性の発達　106

8 児童期の発達：認知発達と学校教育

　　　　　　　　　　　　　　　　　　　　　　　　| 上原　泉　113

　　1．基礎学力の習得　113
　　2．学習方略と思考の発達　118
　　3．動機づけと学校教育　121

9 児童期の発達：自己概念と社会性

　　　　　　　　　　　　　　　　　　　　　　　　| 塘　利枝子　129

　　1．自己概念の発達　129
　　2．仲間関係　134
　　3．社会性の発達　136

10 青年期の発達：アイデンティティの形成

　　　　　　　　　　　　　　　　　　　　　　　　| 福島　朋子　145

　　1．青年期の始まりと心身の変化　145
　　2．心理的離乳と第二反抗期：青年期は疾風怒濤の時期か？　148
　　3．アイデンティティの模索　153

11 成人初期の発達：大人への移行

　　　　　　　　　　　　　　　　　　　　　　　　| 福島　朋子　159

　　1．終わらない青年期　159
　　2．職業人になること　161
　　3．他者と親密な関係を築くこと　166
　　4．複数の役割を担っていくのが人生　169

12 成人期の発達：中年期危機とジェネラティビティ　｜向田久美子　173

1. 中年期危機　173
2. 親になること　177
3. 夫婦関係　178
4. 職業を通しての発達　181
5. ジェネラティビティとケア　184

13 老年期の発達：喪失とサクセスフル・エイジング　｜向田久美子　189

1. 高齢化と老年期　189
2. 認知能力の発達　192
3. サクセスフル・エイジング　196
4. 人生の統合　199

14 発達と環境：メディアの影響　｜向田久美子　207

1. 電子メディアの普及と利用状況　207
2. 発達への影響　210
3. メディアとのつきあい方　216

15 発達と環境：文化の影響　｜向田久美子　225

1. 発達と文化　225
2. 文化的自己観　227
3. 子育て・教育に見る文化差　230
4. 文化的産物に見る文化差　231
5. 発達段階と文化の影響　233

索引　240

1 | 発達とは

向田久美子

《目標&ポイント》 本章では，発達をめぐる基本的な視点と概念について紹介する。まず，心理学における発達の定義，その歴史的変遷について説明する。次に，主な発達段階と発達課題を例示する。続いて，発達が生じるメカニズム（遺伝と環境），人間の発達の特殊性，初期経験とその影響について概説する。
《キーワード》 生涯発達，発達段階，発達課題，遺伝と環境，生理的早産，初期経験

1. 発達（development）とは

　卵子と精子が出会い，受精が成立したときから，人間の発達は始まる。受精卵はやがて子宮壁に着床し，胎内で人間らしい形を整え，新生児として生まれてくる。出生後は大人の養育を受けながら成長し，学校に通い，徐々に世界を広げていく。社会に出てからは，家庭や職場での仕事をこなし，人や自分の面倒を見る。老いるにつれ，社会的活動は減り，人の世話になることが増え，やがて死を迎える。この長い道のりには，個人差や時代差，文化差はあるにせよ，人間一般にある程度共通して見られる変化がある。発達心理学は，このような生涯における心身の変化とそれが生じるメカニズムを研究する学問分野である。

　生涯にわたる発達という視点は，今では自明のものになっているが，心理学の勃興期である19世紀末から20世紀前半にかけては，研究の主眼

は子どもの発達に置かれていた。この時期は，ピアジェの理論（第2章参照）やゲゼルの発達検査（Gesell, 1925; Gesell & Amatruda, 1941）に見られるように，誕生から成人に至るまでの標準的な発達過程を明らかにすることが主な目的であった。この背景には，当時の発達観が生物学をモデルにしていたこと，公教育の普及に伴い，対象となる子どもに関する科学的知見が求められたことなどがある。

1960年代後半から，社会学におけるライフコース研究，老年学など隣接諸科学の影響を受けつつ，人間の発達を生涯にわたって捉えようとする生涯発達心理学（life-span developmental psychology）が台頭してきた。その理論的先駆者となったのが，第2章で紹介するエリクソンやバルテスである。

生涯発達心理学が提唱された背景には，以下の3つの要因が関与している。まず，世の中が豊かになり，青年期の終わりがあいまいになったことがあげられる。かつては成人式（通過儀礼）をはじめ，親元からの独立，就職，結婚などのライフイベントが自明の区分としてあったが，今日では儀式は形骸化し，また生き方の選択肢が増えたことにより，成人期がいつから始まるのかを定義するのは難しくなっている（第11章参照）。次に，高齢化が進み，老年期が長期化したため，その心理的発達を詳しく解明する必要性が高まったことがある（第13章参照）。さらに，従来は安定・不変の時期とみなされていた成人期にも，さまざまな心身の変化が生じていることがわかってきた（第12章参照）。これらの変化が，心理学における発達観に見直しを迫ることになった。

確かに，子ども時代の発達は目覚ましく，できないことができるようになったり，身体が大きくなったりと，獲得や増大といった上昇的変化に注目が集まりやすい。一方，成人期以降は体力が衰えたり，以前できたことができなくなったりと，喪失や減少といった下降的変化が意識さ

れる傾向にある。後者はかつて「老化」と一括りにされる傾向にあったが，現在では，上昇的変化も下降的変化も発達の一側面を表すものとみなされている。

　実際には，幼い時期ほど獲得や増大による変化が多く，加齢に伴い，喪失や減少による変化が増える（Baltes, 1987）。しかし，幼い子どもに喪失や減少が見られないわけではない。一例として，脳の発達があげられる。脳細胞をつなぐシナプスの形成は1～2歳でピークを迎え，その後減少し，適応に必要なシナプスのみが残っていく（Kolb & Gibb, 2011）。一方，高齢になっても新しい力は獲得される。例えば，結晶性知能（問題解決能力や言語能力）は70代まで伸び続けることが示されている（第13章参照）。

　このように，1960年代後半から，発達についての考え方は，徐々に「子どもが大人になるまで」から「受精から死に至るまで」に，また「上昇・増大・獲得」だけでなく「下降・減少・喪失」を含むものに変化していった。

2. 発達段階

　生涯発達をどのように区分するかに関しては，さまざまな立場があるが，ここではエリクソン（Erikson, 1950）やハヴィガースト（Havighurst, 1953）の理論に基づいて，一つの例を示す。なお，成人期以降の年齢はあくまでもめやすとして表示している。

　①**胎生期**：受精後の約38週であり，卵体期（0～2週），胎芽期（3～8週），胎児期（9週～出生まで）に分けられる。卵体期に受精卵が着床し，胎芽期に各器官が作られ，胎児期に身体が肥大化していく。

　②**乳児期**：誕生から1歳半ごろまでをさす。養育者の全面的な世話を必要とし，そのやりとりの中で基本的信頼を獲得する。この時期の終わ

りに，人に特有の行動である言語（発語）と二足歩行が見られるようになる。

③**幼児期**：1歳半ごろから6歳ごろまでをさす。養育者による世話や遊びを通して，言語や思考，情緒，社会性，運動能力が発達する。この時期の終わりには，基本的生活習慣が確立し，大人の手助けがなくても身辺自立が可能になる。

④**児童期**：6歳ごろから12歳ごろまでをさす。義務教育が始まり，主に学校での活動（勉強やスポーツ，仲間関係）を通して社会化される一方，個性化も進む。客観的・論理的思考が可能になるが，個人差も大きく，学習面でのつまずきを経験する子どももいる。

⑤**青年期**：12歳ごろから20歳ごろ（30歳ごろまでとする説もある）までをさす。第二次性徴により性的な成熟が進む時期を特に思春期と呼ぶ。学校や職場におけるさまざまな体験を通して，自分にふさわしい職業や役割を模索し，社会に出る準備をする。また，実際に社会に出てからも模索を続ける。

⑥**成人初期**：20代から30代半ばぐらいまでをさす。社会人となり，就職や結婚，出産や育児，転職といったライフイベントを経験し，自分なりのライフスタイルを確立する。

⑦**成人期**：30代半ばから60代初めくらいまでをさす。生活が比較的安定する一方，仕事や家庭での責任が増し，次世代を育成することが課題になる。体力や気力の衰え，職業上の限界，子どもの巣立ちや親の介護なども体験し，それまでのライフスタイルを軌道修正することが必要になってくる。

⑧**老年期**：職業から引退し，時間的な余裕ができる一方，老いや病気，親しい人との別れに直面する機会が増える。ただし，喪失ばかりでなく獲得的変化（知能や情緒面）も見られる。自分の人生を振り返り，意味

づけをしながら，死に向けて準備をする時期である。

＊

　上述の発達段階や発達課題を読者自身に当てはめてみるとわかるように，必ずしもすべての人が同じ時期に同じ発達課題を経験するとは限らない。また，同じ出来事を経験しても，それがもつ意味（その後の人生に与える影響）は，人によって異なる。さらに，戦争や災害など，思いがけない出来事によって，発達に少なからぬ影響を受けることもありうる。総じて言えるのは，発達とは，発達段階ごとに新しい課題に出会い，それを乗り越えていく過程だということであろう。

3. 遺伝と環境

　自分の性格や能力，容姿や体質が遺伝によるものなのか，環境によるものなのか，誰しも一度は考えたことがあるのではないだろうか。心理学の歴史においても，この「氏か育ちか」の問題は大きな論議を呼んできた。19世紀末から20世紀初頭にかけて，遺伝に重きを置く生得説と，生後の経験を重視する経験説が対立していたが，20世紀半ば以降は，遺伝と環境が時間軸の中で双方向的に影響し合う相互作用説が主流となっている。

　遺伝と環境を研究する方法としては，動物実験（選択交配）や家系研究，双生児法などがある。古典的な研究としては，ゲゼルの用いた双生児統制法がよく知られている。一卵性双生児の一方に特定の課題を与えて訓練し，もう一方はその間放置して，後で訓練をするという手法である。その結果，階段のぼりなどのさまざまな課題において，後になって訓練を始めた双生児のほうが，先に訓練をした双生児よりも短期間で習熟し，成績も上回ることが明らかにされた。

　このことから，ゲゼルは発達の規定因として遺伝（成熟）がより重要

であるとする成熟優位説を提唱した。後にこの検証方法については異議も出されたが，極端な行動主義的立場（人間は環境次第でどのようにでもなるという見方）に対立する一つの論拠を提示したという点で，意義があったと言えるだろう（Thelen & Adolph, 1992）。

　遺伝と環境をめぐる議論は，1990年代以降普及した行動遺伝学によって，新たな段階に入った（安藤，2014）。行動遺伝学も双生児を対象とするが，より洗練された統計的手法を用いて，遺伝と環境の影響を明らかにする。また，環境を共有環境（双生児が共有する環境で，二人を似させる要因）と非共有環境（双生児が共有していない環境で，二人を異ならせる要因）に分けて，その影響力の違いを見る。

　表1-1に示すように，認知能力やパーソナリティ特性といった心理的形質については遺伝と環境の双方が影響していることが示されており，従来の相互作用説に沿った知見が得られている。興味深いのは，環境要因のほとんどが共有環境ではなく，非共有環境であるという点である。これは行動遺伝学の原則の一つであるが（非共有環境の優位性[1]），

表1-1　さまざまな心理的形質における遺伝，共有環境，非共有環境の割合

	遺　伝	共有環境	非共有環境
学業成績	0.55	0.17	0.29
論理的推論能力	0.68	—	0.31
言語性知能	0.14	0.58	0.28
空間性知能	0.70	—	0.29
一般知能	0.77	—	0.23
神経質	0.46	—	0.54
外向性	0.46	—	0.54
開拓性	0.52	—	0.48
同調性	0.36	—	0.64
勤勉性	0.52	—	0.48
自尊心	0.31	—	0.69
男性性	0.40	—	0.60
女性性	0.46	—	0.54
う　つ	0.40	—	0.59

出典：安藤，2014，p.130一部改変

同じ家庭に育つ子どもであっても，必ずしも同じ経験をしているとは限らないこと，共有されない経験のほうが心理的発達に大きな影響力をもっていることを示している。

ただし，非共有環境には，学校や習い事，友人関係，地域，メディアなど，多様な要因が含まれており，どの要因がどう作用しているかはまだ十分にわかっていない。また，遺伝と環境の比率は固定的なものではなく，年齢や環境によっても変化するという。

このように，発達は遺伝と環境の相互作用により進むが，そこには個人の主体性も関与していることを忘れてはならない。例えば，何を好んでするか，誰と友達になるか，どのような進路に進むかなどは，遺伝や環境の影響を受けもするが，本人がある程度主体的に選び取るものである（Mischel, 2014）。こうした発達の主体的制御は成長とともに拡大し，また生涯にわたって続く（大野，2016）。老年期のサクセスフル・エイジング（第13章参照）の発想の根底にも，「将来への見通しをもって『目標』を設定し，自分の発達環境を積極的に創造し修正していく存在」としての人間観がある（鈴木，2008）。程度の差こそあれ，これは子どもや青年にも当てはまるものと言えよう。

4. 人間の発達の特殊性－生理的早産

遺伝と環境の問題を，動物との比較で考えるとき，人間の発達の特殊性が明らかになる。一般に，動物は学習もするが，捕食や生殖など行動の多くは本能によって規定されている。それに対して，人間は本能だけに縛られず，生得的な能力を学習によって多様に開花させる可能性をもつ。その結果，種としての生存を有利にするだけでなく，個々人の生活を便利で豊かにする（一方，環境を破壊しもする）文明と，多様な文化を発展させてきた。

なぜ，人間にそのようなことが可能になったのか。比較行動学者のポルトマン（Portmann, 1951）は，「生理的早産」という概念によって，進化的な観点から見た人間の発達の特殊性を明らかにしている。具体的には，鳥類は，出生後すぐに自力で移動しエサをついばむことのできる離巣性と，しばらく巣にとどまって親がエサを運んできてくれるのを待つ留巣性に分けられる。このような出生時の状態（自立か未熟か）で哺乳類を分類すると，小型の哺乳類（ネズミ，イタチ，ウサギ，リスなど）は留巣性に，大型の哺乳類（牛，馬，クジラ，類人猿など）は離巣性に相当する。さらに，離巣性の哺乳類は，留巣性の哺乳類に比べると，身体や脳の構造が複雑で，妊娠期間が長く，1回の妊娠で生まれてくる子の数が少ないという特徴をもつ（表1-2）。

　この分類で見ると，人間は身体・脳の構造，妊娠期間，子の数という点では離巣性だが，出生時の状態のみ留巣性に当てはまる。他の離巣性の哺乳類のように，種に特有の行動（言語使用や二足歩行）が可能になるには，生後約1年を要する。この現象から，ポルトマンは，人間は進化の過程で大脳が肥大化し，二足歩行により産道が垂直化したため，妊娠期間が短くなり，早産（未熟な状態での出生）が常態化したと考えた。これを生理的早産と呼び，本来胎内で過ごすはずであった1年間を子宮

表1-2　留巣性と離巣性の哺乳類の違い

	留巣性	離巣性
身体・脳の構造	単純，未発達	複雑，特殊
妊娠期間	短い （例えば20〜30日）	長い （50日以上）
一胎ごとの子の数	多い （例えば5〜22匹）	少ない （たいてい1〜2匹）
出生時の状態	未熟，自力で動けない	自立性が高い

出典：ポルトマン，1961, p.30を一部改変

外胎児期と名付けた。

　子宮外で胎児期を過ごすということは，種々の行動の発達が，多様な環境刺激との相互作用の中で進むということである。出生時に未熟であることは，生存に関するリスクを高めるが，周囲の保護があれば，外部刺激との相互作用の中で，さまざまな方向に行動を発展させうることを意味している。こうした開かれた生得性こそが，人間の発達の特殊性である。また，成体に達するのに長い年月（約20年）がかかるのも，他の動物には見られない特徴であり，それだけ発達における環境の果たす役割が大きいと言えるだろう。

5. 初期経験とその影響

　人間の発達には，各段階で異なる課題があり，その課題を克服できるかどうかが，次の発達段階に影響を及ぼすとされる（Erikson, 1950）。発達段階のうち，後々にまで強い影響を及ぼす可能性があるのは，一般に乳幼児期と考えられている。動物や人間が発達の早期に経験することを総称して，初期経験と言う。

　初期経験とそれが後にもたらす影響の好例が，動物行動学者のローレンツ（Lorenz, 1952）が見出した刻印づけ（刷り込み）である。カモやニワトリのような離巣性の鳥類は，生後十数時間後に見た動くものを追従する反応を示す。さらに，性的に成熟した後は，刻印づけされた対象に対して求愛行動を示す。このように刻印づけは，限られた時間に成立し，不可逆的であることから，その学習が成立する時期のことを臨界期，もしくは敏感期と呼んでいる。

　人間の初期経験に関しては，ボウルビィがWHOの依頼を受けて行った戦災孤児（第二次世界大戦による）の研究がある。乳幼児期に適切な母性的養育を受けずに育った子どもには，情緒面や対人関係の発達に深

刻なダメージが見られたという（Bowlby, 1953）。これをきっかけに愛着理論（第5章参照）が生まれ，施設養育のあり方に大きな影響を与えた。

　時代はさかのぼるが，社会学者エルダーによる世界恐慌（1929年）の影響を検討した研究でも，乳幼児期に深刻な経済的はく奪を経験した子どもに，後々まで心身への悪影響が残ったことが示されている。親の失業や減収に伴う経済的困窮，家庭内の緊張は，家庭に依存せざるを得ない乳幼児には不利に働いたが，児童期の子どもにはむしろ有利に働いたという。当時10～11歳に達していた子どもたちは，家庭を助けるために，家事や低賃金労働などに従事せざるを得なかったが，そうした生産的役割を担うこと，すなわち誰かの役に立ち，人から認められる体験をすることが，責任感や自信を高め，成人期に安定した生活を築くことにつながったと言われる（Elder, 1974）。

　近年では，虐待を受けた子どもの発達に，初期経験の影響を見て取ることができる。彼らの多くが示す発達の遅れや行動上の問題は，乳幼児期に必要とする体験が得られなかったことの意味を物語っている。藤永ら（1987）によれば，親からネグレクト（養育放棄）を受けていた5歳と6歳のきょうだい（FとG）は，発見されたとき1歳から1歳半程度の発達しか見られなかったという。ボウルビィやエルダーの研究とも共通するが，乳幼児期に劣悪な環境で育ったり，安定した人間関係を築けなかったりすると，発達の遅れや後の行動上の問題につながる可能性が高いと言える。

　しかし，前節で述べたように，人間は動物とは異なり，成体に達するまでの期間が長く，環境の影響を受けて変化する可能性（可塑性）が高いという特徴をもつ。ネグレクトされていたFとGは，引き取られた施設で保育者と愛着関係を築き，丁寧な療育的関わりを受けることによっ

て，発達の遅れを取り戻すことができた（藤永ら，1987）。エルダーの研究でも，乳幼児期に受けた心理的ダメージを引きずっていた青年のうち，一部はその後の軍隊生活でロールモデルとなる成人男性に出会い，前向きに生きるようになり，家庭や職業上の安定を達成したことが報告されている（Elder, 1986）。

　したがって，人間の場合，乳幼児期に望ましくない環境に育ったとしても，その後よい環境に出会うことで変化していく可能性が残されていると言える。しかし，変化する可能性（可塑性）は発達早期ほど大きいのも事実である。生涯発達の土台づくりをする乳幼児期に，子どもたちが安定した環境で育つこと，そのための社会的な支援が求められていると言えよう。

》注
1）他に，「遺伝要因の普遍性」「共有環境の希少性」という原則がある。詳しくは安藤（2014）を参照のこと。

引用文献

- 安藤寿康（2014）．遺伝と環境の心理学：人間行動遺伝学入門　培風館
- Baltes, P. B. (1987). Theoretical propositions of life-span developmental psychology: On the dynamics between growth and decline. *Developmental Psychology*, 23, 611-626.
- Bowlby, J. (1953). *Child Care and the Growth of Love.* London: Penguin Books.
- Elder, G. H. (1974). *Children of the Great Depression: Social Change in Life Experience.* Chicago: The University of Chicago Press.（エルダー，G. 本田時雄・川浦康至・伊藤裕子・池田政子・田代俊子（訳）(1986)．新装版　大恐慌の子どもたち：社会変動と人間発達　明石書店）
- Elder, G. H. (1986). Military times and turning points in men's lives.

Developmental Psychology, 22, 233-245.
- Erikson, E. H. (1950). *Childhood and Society*. New York: Norton.（エリクソン，E. H. 仁科弥生（訳）(1980). 幼児期と社会1　みすず書房）
- 藤永保・春日喬・斎賀久敬・内田伸子（1987）．人間発達と初期環境：初期環境の貧困に基づく発達遅滞児の長期追跡研究　有斐閣
- Gesell, A. (1925). *The Mental Growth of the Pre-School Child*. New York: Macmillan.
- Gesell, A., & Amatruda, C. S. (1941). *Developmental Diagnosis: Normal and Abnormal Child Development*. New York: Paul B. Hoeber.（ゲゼル，A., アマトゥルダ，C. S. 新井清三郎・佐野保（訳）(1958). 発達診断学：小児の正常発達と異常発達　日本小児医事出版社）
- Havighurst, R. J. (1953). *Human Development and Education*. New York: Longmans, Green & Co.（ハヴィガースト，R. J. 荘司雅子（監訳）(1995). 人間の発達課題と教育　玉川大学出版部）
- Kolb, B., & Gibb, R. (2011). Brain plasticity and behaviour in the developing brain. *Journal of the Canadian Academy of Child & Adolescent Psychiatry*, 20, 265-276.
- Lorenz, K. (1952). *King Solomon's Ring*. Plume.（ローレンツ，K. 日高敏隆（訳）(1991). ソロモンの指輪：動物行動学入門　早川書房）
- Mischel, W. (2014). *The Marshmallow Test: Mastering Self-Control*. New York: Little, Brown and Co.（ミシェル，W. 柴田裕之（訳）(2015). マシュマロ・テスト：成功する子・しない子　早川書房）
- 大野祥子（2016）．「家族する」男性たち：おとなの発達とジェンダー規範からの脱却　東京大学出版会
- Portmann, A. (1951). *Biologische Fragmente zu einer Lehre vom Menschen*. Basel: Verlag Benno Schawabe & Co.（ポルトマン，A. 高木正孝（訳）(1961). 人間はどこまで動物か　岩波書店）
- 鈴木忠（2008）．生涯発達のダイナミクス：知の多様性　生きかたの可塑性　東京大学出版会
- Thelen, E., & Adolph, K. E. (1992). Arnold L. Gesell: The paradox of nature and nurture. *Developmental Psychology*, 28, 368-380.

2 | 発達心理学の諸理論

向田久美子

《目標&ポイント》 本章では，5人の代表的な研究者による発達理論を紹介する。具体的には，ピアジェの発生的認識論，ヴィゴツキーの発達の最近接領域，エリクソンのライフサイクル論，ブロンフェンブレンナーの生態学的発達理論，バルテスの生涯発達理論について概説する。
《キーワード》 発生的認識論，発達の最近接領域，ライフサイクル論，生態学的発達理論，生涯発達理論

1. ピアジェの発生的認識論

　ピアジェ（Jean Piaget, 1896-1980）はスイス生まれの発達心理学者であるが，研究者としてのスタートは生物学者であった。生物の個体発達と進化との関連について研究していたが，やがて子どもの知能や思考の発達に関心を寄せるようになり，生物学的観点に立脚した発生的認識論を提唱した（Piaget, 1970）。
　認識論（epistemology）とは，哲学の一分野であり，人の認識や知識がどのようなものかについて探究を行う。ピアジェはそうした認識や知識がどう育つか，生物学的に言えば，どう「発生」するかについて関心をもち，それには，従来の哲学的アプローチではなく，より科学的なアプローチを用いて検討を行う必要があると考えた。
　ピアジェ理論の特徴は，相互作用説（第1章参照）の立場から認知発達を包括的に捉えたこと，発達の主体としての子どもの能動性を強調し

たことにある。子どもの行動を丹念に観察したり，課題を与えたときの反応を分析したりすることで，知的な発達が，単に内側からの成熟や，外界からの刺激によって成立するのではなく，子ども自らが周囲に働きかけ，環境との相互作用を通して，順を追って展開していくことを明らかにした。

その発達段階は，感覚運動期，前操作期，具体的操作期，形式的操作期に分けられる（表2−1）。感覚運動期では主に身体を使って外界と関わり，前操作期では言葉やイメージ（表象）による思考が始まる。具体的操作期に入ると，具体的な事物を対象とした論理的思考が可能になり，形式的操作期では，概念や記号を使って抽象的かつ論理的にものごとを考えるようになる。このように，各段階は異なる構造的特徴をもち，発達に伴い，次の段階に統合されていくとされる。

いずれの段階においても，子どもは自分が持っているシェマ（認識の枠組み。スキーマともいう）を外界に当てはめて適応しようとする「同

表2−1　ピアジェによる発達段階

感覚運動期 （0歳〜2歳ごろまで）	ことばの使用によらず，自分の目の前にあるものを見たり触れたりすることによって，自分をとりまく世界と認知の適応をはかる時期
前操作期 （2歳ごろ〜7歳ごろまで）	実物によらなくても，ことばなどを用いた知的活動が可能となるが，具体物の見えに影響され，理論的思考は十分に行われない時期
具体的操作期 （7歳ごろ〜11歳ごろまで）	具体物や具体的状況においてのみ論理的思考が可能である時期
形式的操作期 （11歳ごろ以降）	帰納，演繹など，言語や記号を用いた抽象的な論理的思考が可能となる時期

出典：山森，2006，p.49；田島，1997一部改変

化」，同化がうまくいかないときに自分のシェマを変化させて適応しようとする「調節」を行うことで，認識を安定した状態に保とうとする。この均衡化の過程を繰り返すことで，思考はより高次のレベルへと発達していく。

　ピアジェの理論は，学校教育や幼児教育に理論的基盤を与えるとともに，その後の発達研究（主に認知や道徳性に関する研究）を大いに刺激したが，やがて限界点も指摘されるようになった。具体的には，社会的文脈を軽視していた点，論理・数学的知能や物理的世界の理解に焦点を当てていた点，乳幼児期の能力を過小評価し，青年期の能力を過大評価していた点，発達段階を普遍的なものととらえていた点などがあげられる。これらの点への批判から，社会文化的アプローチや情報処理アプローチ，心の理論などが発展していった。

2. ヴィゴツキーの発達の最近接領域

　ヴィゴツキー（Lev S. Vygotsky, 1896-1934）は，思考や言語の発達を研究したロシアの心理学者である。大学時代は法律や歴史，哲学，文学と幅広く学び，芸術心理学（演劇）に関する論文で学位を得たのち，心理学の研究を始めた。

　早熟の天才と謳われ，若くしてロシア心理学界を牽引したが，早逝したこと，未公刊の論文が多かったこと，ロシア国内の情勢変化などにより，彼の学説が国内外で知られる機会は限られていた。1960年代以降，著作の刊行と外国語への翻訳が進み，その社会文化的アプローチが評価されるようになった。1980年代以降は「ヴィゴツキー・ルネッサンス」と言われるほど，再評価が著しくなっている（柴田，2006）。

　ピアジェが子どもの知的発達における他者の役割をあまり考慮しなかったのに対し，ヴィゴツキーは社会文化的・歴史的文脈の重要性を強調

した。この立場の違いを象徴するのが，1930年代になされた子どものひとりごとをめぐる論争である。幼児はしばしば，集団の中で伝達を目的としない言葉を発することがある。こうした発話をピアジェは子どもの未熟さ（自己中心性）の現れとみなしたが，ヴィゴツキーは「外言（がいげん）」から「内言」に移行する過渡期の現象であるとして反論した。

　外言とは伝達を目的とする言語であり，子どもはまず大人とのやりとりの中でこうした言葉を用い始める。やがて，言語は自分の行動を計画したり，調整したり，考えたりするための道具として使われるようになる。これらは通常音声化されないことから，内言と呼ばれる。しかしながら，外言から内言が派生し始める幼児期には，しばしば音声化されることがある。幼児のひとりごとは思考が内面化する過程を表しているという主張は，後にピアジェも同意するところとなり，論争は決着した。

　他者とのやりとりの中で学んだことが，個人の中に内面化されるという考えは「精神間機能から精神内機能へ」と呼ばれ，教育に関する議論にも見られる。ヴィゴツキーは，教育の焦点が子どもが自力でできること（到達した水準）に当てられていることを批判し，「発達の最近接領域」という概念を提唱した。

　子どもの知的水準には二種類あり，独力でやり遂げることのできる現在の水準と，大人の指導や援助，仲間との共同（模倣を含む）があればやり遂げることのできる明日の水準とがある。この両水準の開きを発達の最近接領域と呼び，教育はこの領域に入る課題を取り上げ，発達を押し上げる役割を果たすべきだと主張した。さらに，現在の水準が同じ子どもでも，明日の水準，すなわち最近接領域が異なっていることがあるとし，個に応じた働きかけの重要性を指摘した。

　後にこうした働きかけは「足場かけ」と呼ばれ（Wood et al., 1976），子ども（個人）が独力でできるようになったときに「足場外し」を行う

ことも含めて，保育や教育，職場での新人教育などにおいて，意図的・無意図的に行われている。ヴィゴツキーは，発達や学習が他者との関係なしには成立し得ないことを，早期に主張した一人であると言えるだろう。

3. エリクソンのライフサイクル論

エリクソン（Erik H. Erikson, 1902-94）はドイツに生まれ，画家をめざしてヨーロッパを放浪した後，アメリカで活躍した心理学者である。精神分析を始めたフロイト（Sigmund Freud, 1856-1939）の弟子筋に

	1	2	3	4	5	6	7	8
Ⅷ 老年期								インテグリティ 対 絶望 知恵
Ⅶ 成人期							ジェネラティビティ 対 停滞 ケア	
Ⅵ 若い成人期						親密 対 孤立 愛		
Ⅴ 青年期					アイデンティティ 対 アイデンティティ拡散 忠誠			
Ⅳ 学齢期				勤勉 対 劣等感 コンピテンス				
Ⅲ 遊戯期			自主性 対 罪の意識 目的意識					
Ⅱ 幼児初期		自律 対 恥・疑惑 意志						
Ⅰ 乳児期	基本的信頼 対 基本的不信 希望							

出典：鈴木・西平，2014，p.157一部改変

図 2-1　エリクソンの心理社会的危機

あたり，児童精神分析家として活動する一方，ネイティブ・アメリカンの文化人類学的研究，ヒトラーやルター，ガンジーら著名人の伝記研究などを通して，独自のライフサイクル論を打ち立てた（Erikson, 1950; 1958; 1969）。

彼の理論はフロイトの人格発達理論を発展させたものであり，乳幼児期の影響を重視している点において共通している。異なる点としては，無意識よりも意識（自我）に焦点を当てたこと，生物学的側面だけでなく社会文化的・歴史的側面にも注目したこと，発達を青年期までではなく，生涯にわたって捉えたことなどがあげられる。環境との相互作用の中で発達が進み，前の発達段階での経験が次の発達段階に統合されるという考えは，漸成説（ぜんせい）と呼ばれ，ピアジェ理論とも通底するものである。

図2-1に見られるように，人間のライフサイクルは8つの段階に分けられ，各段階に異なる心理社会的危機が設定されている。例えば，乳児期の危機は「基本的信頼　対　基本的不信」である。周囲に依存せざるを得ず，言語も獲得されていない乳児期は，泣いたときに養育者にタイミングよく応答的に関わってもらうこと，世話により不快感を取り除いてもらうことなどが，基本的信頼の源となる。一方で，常にタイミングよく応答してもらえるとは限らないし，養育者の力ではどうにもならないこと（病気による不快感など）を経験することもある。こうした不信と信頼の双方を経験しながら，最終的に葛藤を乗り越えることができたとき，「希望」という力が獲得されるという。

このように，各段階には心理社会的危機とともに，それを克服することにより獲得される力（強さ）も示されている。幼児初期の「意志」，遊戯期の「目的意識」など，各段階で得た力は，次の危機に立ち向かうための土台になると考えられている。

エリクソンは，心理学徒として正規の高等教育を受けていないにもか

かわらず，個人的な体験（複雑な生い立ち，青年期の彷徨、文化間移動）や臨床家としての実践，人類学的研究などをベースに，洞察に満ちた学説を生み出した。青年期のアイデンティティ（第10章参照）や成人期のジェネラティビティ（第12章参照）など，彼が設定した発達課題については，今もさまざまなアプローチによる実証研究が積み重ねられている。また，長命化や生き方の多様化が進む時代において，一つの発達モデルを提示したとも言えるだろう。

4. ブロンフェンブレンナーの生態学的発達理論

　ブロンフェンブレンナー（Urie Bronfenbrenner, 1917-2005）はモスクワ生まれ，アメリカ育ちの心理学者である。20世紀半ばの発達研究が実験室実験を中心に行われていたことを批判し，「場の理論」を提唱したレヴィン（Kurt Levin, 1880-1947）に依拠しながら，人が育つ文脈をより現実的に，かつダイナミックにとらえる必要があると主張した（Bronfenbrenner, 1979）。

　彼の提唱した生態学的発達理論では，個人を取り巻く環境は入れ子構造をなしており，それらの環境同士，また環境と個人が相互に影響を及ぼし合いながら発達が進むと考える。こうした理論が生まれた背景には，彼が父親の勤務する障害者施設の敷地内で育ったこと，研究者としてソビエト連邦をはじめとする諸外国との比較文化研究に取り組み（Bronfenbrenner, 1970），子どもの社会化について多角的に検討したこと，アメリカの公共政策（ヘッドスタート計画）に積極的に関与したことなどがあるとされる。

　図2-2に示すように，個人が日常生活において直接やりとりする環境はマイクロシステムと呼ばれ，家庭や保育施設，遊び場，学校，友人，職場（大人の場合）などが含まれる。ここで重要なのは，これらの客観

的な特徴ではなく，その環境を個人がどう捉えているか（主観的経験）であるという。実験室実験が子どもにとってもつ意味を考えるべきであるという当初の主張が，ここにも反映されていると言えるだろう。

メゾシステムはマイクロシステムに属する環境同士の相互作用からなる。家庭と学校，友人と遊び場，職場と家庭などである。例えば，子どもにとって，家庭での経験と学校での学びが相乗効果をもつこともあれば，もたないこともあるだろう。大人にとっては，仕事が忙しく地域と関わる機会がもてなかったり，子どもをもつことで働き方が変わったりすることなどがあげられる。

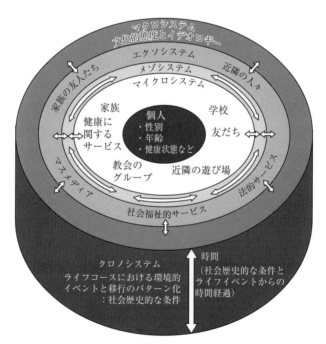

出典：Bronfenbrenner & Moris, 2006, 菅原, 2012, p.6

図2-2　ブロンフェンブレンナーの生態学的システムモデル

エクソシステムとは，個人の日常生活の外にあるものである。具体的には，親の職場，きょうだいの学校，家族の友人，教育委員会，各種行政サービスなどであり，個人の発達に間接的に影響を及ぼす。

一番外側にあるマクロシステムとは，日頃意識されることは少ないものの，下位のマイクロ，メゾ，エクソシステムに一貫性を与える信念体系やイデオロギーを指す。このマクロシステムは，国家や民族，宗教，文化，社会階層などによって異なっており，その集団に固有の生態学的環境を提供する。

後に，ブロンフェンブレンナーはこれら4つのシステムに時間軸を組み込んだクロノシステムを追加し，さらに包括的なモデルに修正した。クロノシステムには，災害や戦争，経済的不況といった社会的・歴史的出来事のほかに，結婚や離婚，出産や家族の死といった個人のライフイベントも含まれる。

実際にこれらのすべての要因を組み込んだ研究を行うことは不可能に近いが，どのレベルでの環境要因を問題にしているのかを意識しておくことは重要だろう。彼の理論は，実験研究の生態学的妥当性を問題にした点，個人を取り巻く環境がマイクロレベルにとどまらず，重層構造をなしており，それらが互いに影響を及ぼし合っていることを示した点で大きな貢献があったと言える。

5. バルテスの生涯発達理論

バルテス（Paul B. Baltes, 1939-2006）はドイツに生まれ，アメリカとドイツで活動した心理学者である。妻のマーグレット（Margret M. Baltes, 1939-99）らとともに，高齢者の知能に関する研究を精力的に行い，加齢によってすべての知能が衰えるわけではないことを示した。また，高齢者は，目標を絞り込み，持てる資源を効率的に配分することで，

加齢に積極的に対応していることも明らかにした（Baltes et al., 1980）。「SOC（補償を伴う選択的最適化）」と呼ばれるこのモデルについては，第13章で詳述する。

バルテスは，心理学以外の領域（脳科学，遺伝学，医学，生物学，社会学など）の研究者とも積極的に交流し，生涯発達研究の新たな地平を切り開いた（鈴木，2008）。彼がめざしたのは，進化と歴史，文化的文脈を統合した生涯発達モデルを作ることである。図2-3に示すように，個人の発達は遺伝と環境の相互作用を前提とし，時間軸に沿って，年齢的要因と歴史的要因，非標準的（個人的）要因の3つが作用しながら進むというモデルを提示した。

年齢的要因とは同年齢の人におおむね共通して見られる要因で，身体的成長や性的成熟のほか，就学や就労なども含まれる。歴史的要因とは，どの時代にどのような環境のもとで過ごしたかによって規定される要因のことであり，教育やインターネットの普及，戦争や災害の体験などが含まれる。非標準的（個人的）要因とは，個人特有の出来事（転職，引

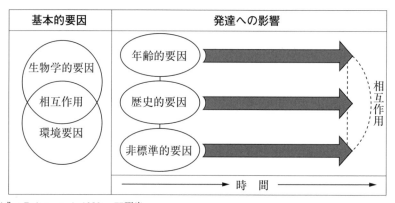

出典：Baltes et al., 1980, p.75訳出

図2-3　発達に及ぼす諸要因

っ越し,病気,事故,失業,離婚,施設入所,身近な人の死など)であり,予測がつきにくいだけに発達への影響も大きいとされる。

　図 2-4 は,各発達段階における3つの要因の相対的大きさを示したものである。年齢的要因の影響は子ども時代が最も大きいが,青年期に入るにつれて減少し,歴史的要因の比重が増す。老年期に入ると年齢的要因の影響が再び上昇するが,それ以上に非標準的(個人的)要因の影響が大きくなってくる。この図はあくまでも仮説であるが,その後の研究は,このモデルの妥当性をある程度支持している。例えば,成人期以降は,発達の個人差が拡大してくる(第12章,第13章参照)。また,バルテスの歴史的要因を,歴史・文化的要因として捉え直した箕浦(1990)

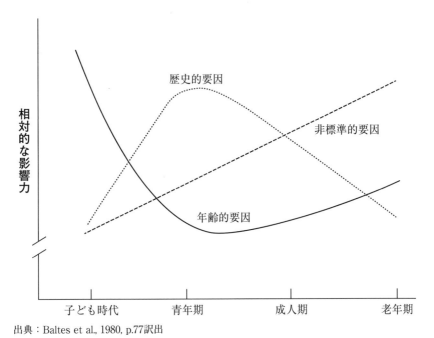

出典:Baltes et al., 1980, p.77訳出

図 2-4　発達に及ぼす年齢的,歴史的,非標準的各要因の相対的影響

は，子どもの文化獲得が児童期後半から思春期にかけて大きく進むことを明らかにしている（第15章参照）。

バルテスの生涯発達理論は，他者との共同性という視点が薄いという指摘もあるものの（堀, 2009），成人期，とりわけ老年期の発達に関する研究を通して，発達の可塑性，多次元性，多方向性を明らかにし，発達そのものの概念を変えることに大きく貢献した。

*

以上，5つの理論を紹介してきたが，当初は生物学や進化を重視する立場が主流であり，次に社会文化的・歴史的文脈を重視する立場が登場し，やがてそれらを統合し，発達を生涯にわたって捉える理論が生まれてきたと言えるだろう。

引用文献

- Baltes, P. B., Reese, H. W., & Lipsitt, L. P. (1980). Life-span developmental psychology. *Annual Review of Psychology*, 31, 65-100.
- Bronfenbrenner, U. (1970) *Two Worlds of Childhood: U.S. and U.S.S.R.* New York: Russell Sage Foundation. (ブロンフェンブレンナー, U. 長島貞夫（訳）(1972). 二つの世界の子どもたち：アメリカとソ連のしつけと教育　金子書房)
- Bronfenbrenner, U. (1979) *The Ecology of Human Development: Experiments by Nature and Design.* Cambridge, MA: Harvard University Press. (ブロンフェンブレンナー, U. 磯貝芳郎・福富護（訳）(1996). 人間発達の生態学　川島書店)
- Bronfenbrenner, U., & Morris, P. A. (2006). The bioecological model of human development. In W. Damon & R. M. Lerner (Eds.), *Handbook of Child Psychology, Vol. 1: Theoretical Models of Human Development* (6th ed.). New York: John Wiley. Pp.793-828.
- Erikson, E. H. (1950). *Childhood and Society.* New York: Norton. (エリクソン, E. H. 仁科弥生（訳）(1980). 幼児期と社会1・2　みすず書房)
- Erikson, E. H. (1958). *Young Man Luther: A Study in Psychoanalysis and History.* New York: Norton. (エリクソン, E. H. 西平直（訳）(2002, 2003). 青年ルター1・2　みすず書房)
- Erikson, E. H. (1969). *Gandhi's Truth: On the Origins of Militant Nonviolence.* New York: Norton. (エリクソン, E. H. 星野美賀子（訳）(1973, 1974). ガンディーの真理1・2　みすず書房)
- 堀薫夫 (2009). ポール・バルテスの生涯発達論　大阪教育大学紀要第Ⅳ部門, 58, 173-185.
- 箕浦康子 (1990). 文化のなかの子ども　東京大学出版会
- Piaget, J. (1970). *L'épistémologie Génétique.* Paris：Presses Universitaires de France. (ピアジェ, J. 滝沢武久（訳）(1972). 発生的認識論　白水社)
- 柴田義松 (2006). ヴィゴツキー入門　子どもの未來社
- 菅原ますみ（編）(2012). 子ども期の養育環境と QOL（お茶の水女子大学グローバル COE プログラム　格差センシティブな人間発達科学の創成）金子書房
- 鈴木忠 (2008). 生涯発達のダイナミクス：知の多様性 生きかたの可塑性　東京

大学出版会
- 鈴木忠・西平直（2014）．生涯発達とライフサイクル　東京大学出版会
- 田島信元（1997）．発達の心理学(1)―発達の考え方の変遷　永野重史（編）教育心理学―思想と研究　放送大学教育振興会　Pp.56-66.
- Wood, D. J., Bruner, J. S., & Ross, G. (1976). The role of tutoring in problem solving. *Journal of Child Psychiatry and Psychology*, 17, 89-100.
- 山森光陽（2006）．学習する能力とその形成　鹿毛雅治（編）教育心理学　朝倉書店　Pp.39-61.

参考文献

- 下山晴彦（編集代表）（2014）．誠信　心理学辞典［新版］　誠信書房
- 鈴木忠（2008）．生涯発達のダイナミクス：知の多様性　生きかたの可塑性　東京大学出版会

3 | 発達研究の方法

上原　泉

《目標＆ポイント》　人間の発達を追究するのに，心理学の他分野と共通する研究方法もとるが，特に，変化の過程や乳幼児期の特徴を明らかにするためには，独自の研究手法をとらざるを得ない場合が多い。例えば，複数回調査を行う，言語教示に頼らない手法を用いるなどである。本章では発達ならではの研究手法と分析法の基礎について学んでいく。
《キーワード》　縦断的研究，横断的研究，コーホート，実験，調査，観察，検査，ラポール

1. 発達過程を追う

（1）縦断的研究

　縦断的研究とは，同じ個人や集団を長期的に追跡し，その個人や集団内での変化の過程を調べる研究手法のことをいう。同じ，または年齢や状況に応じて変えた調査や実験を，一定期間ごとに，長期間にわたって行っていく。時間経過に伴い，どのように変化していくのかをみるのに適した手法であり，年齢による変化や何らかの効果（養育法や学習法が及ぼす効果など）を明らかにするのに有用な手法である。追究したい内容により，データの規模や実施法は異なる。

　多くの人に共通して見られる，心理社会的要因の発達的影響を調べる場合には，大規模な集団を対象に行うのがよい。規模が大きいほど，汎用性の高い尺度や質問紙，検査を利用し，複数の実施者で手分けして研

究を進めるのが効率的である。日本で行われた数少ない大規模な縦断的調査の一つに，菅原ら（1999）がある。この研究では，妊娠初期から出産後11年目まで１年ごとに，子どもの問題行動や気質的特徴，親の子に対する愛着感，夫婦関係，養育態度等の尺度を含む質問紙への回答を母親に求め，11年目には父親と子どもにも質問紙調査を実施することにより，子どもの10歳時の行動傾向に，その前の時期までの子ども自身の行動的特徴や，親の養育態度，家庭環境などの要因が関連していることを示した。同様の大規模な縦断的調査として，双生児を対象に遺伝要因，環境要因と発達の関係性を検討した安藤らの研究がある（Ando et. al, 2013）。

　数十人の子どもを対象に，約１年にわたる母親によるウェブ日誌記録と母親へのインタビューに基づいて，語彙習得過程を分析した研究がある。小林ら（2012）は，言葉を話し始める初期に，各子どもにおいてプラトー（新しい単語を１つも発しない期間）が見られること，その頻度や語彙数増加速度には個人差があるものの，１歳後半でプラトーが減少することが語彙爆発と関連する可能性を示した（詳細は第６章を参照）。各子どもの初期の語彙発達の過程を示した貴重な知見である。

　個人内の変化の過程を詳細にとらえることに主眼をおき，少数の協力者を対象に事例研究を縦断的に行っていくという方法もある。例えば，上原（Uehara, 2015）では，少数の乳幼児とその母親に，数ヶ月に１回の割合で会い，２時間程度のインタビューと観察，簡単な課題を４，５年にわたって実施した。そこでは，インタビュー中の子どもの発話や過去の出来事の語り，課題実施状況を記録にとり，また，母親へのインタビューと質問紙により子どもの日常の言語使用や出来事の語り具合について確認している。その結果，個人ごとの詳細な発達過程が明らかになるとともに，時期や発達進度において個人差はあるものの，2，3歳ご

ろに過去形を使って自発的に過去の体験を語り始め，3歳から4歳の間に再認の質問[1]を理解し応じられるようになり，4歳から4歳半ごろに「覚える」や「忘れる」といった記憶に関連する語の自発的使用が始まるなど，個人間で共通する発達順序があることも示した。

　縦断的研究は変化を追うのに有効な手法だが，発達心理学の研究においても縦断的研究の占める割合は低い。同じ個人や集団に長期にわたり協力をお願いすることは協力者に負担がかかるうえ，実施に相当の労力や時間を要するからである。

（2）横断的研究──データをどう解釈するか？

　発達や変化の傾向は，横断的研究でも把握できることは多い。横断的研究とは，ある一時点で，複数の異なる年齢（例えば，3歳，5歳，7歳）や条件の人びとに同一の調査や実験課題を実施し，群間での差を検討することにより，発達や変化の過程を検討する手法である。縦断的研究で問題となりやすい，同じ集団に対して繰り返し調査や実験を行うことの効果や，課題の実施順序の効果が，横断的研究では生じにくい。実施もしやすいため，発達心理学の研究の大部分を横断的研究が占める。

　横断的研究によっても，十分客観的な知見を得ることは可能であるが，以下の点に留意する必要がある。第一に，異なる集団間で比較することになるため，そこにはどうしても比較したい部分（例えば，年齢）以外での差（個人差）が存在する点である。そのため，群間で比較したい部分以外での差（社会経済的状況の差等）が極力ないようにし，協力者数を多くすることで個人差が結果に反映されにくくする必要がある。第二に，個人内での発達や変化の過程は必ずしも正確には推測できないという点である。例えば，異なる年齢群間で課題成績に有意差が示されたとしても（例えば，3歳群の平均が30点，4歳群の平均が40点，5歳群の

平均が50点), それは, 各年齢集団における平均として示された結果であり, 個人内では必ずしも, 平均結果を線で結んだような形で課題成績が変化していくとは限らない。ある個人においては, 3歳時点で40点, 4, 5歳時点でいずれも50点という可能性もあるし, 別の個人においては, 3歳で10点, 4歳で20点, 5歳で50点という可能性もある。個人内での発達の道筋は, 縦断的な研究でないとわからない。第三に, 条件で操作を行う実験(次節参照)を行わない限り, 1回限りの横断的な調査(よく行われる質問紙調査等)では, 何らかの効果(学習法が及ぼす効果等)や, どの要因が原因かについては言及できず, 相関的関係性しか見出せないという点も留意しておく必要がある。

(3) コーホート研究—時代の変化, それとも, 年齢による変化?

　上に述べたように, 縦断的研究の長所は, 集団における何らかの原因や効果, 個人内での発達や変化の過程を追究しやすい点にある。しかし, 追究する内容によっては, 単一の年齢集団を長期的に追跡するだけでは, それが加齢の効果なのか, 時代の効果なのか, あるいは, 世代特有の効果なのかが, わからない場合がある。縦断的研究のうち, 複数の出生コーホート(同じ年に生まれた人びと)を対象に, 継続的にデータを収集し, 時代効果, 加齢効果, コーホート効果(世代効果)を分析する手法として, コーホート分析がある。

　大野(2001)の仮説的データ(**表3-1**)を例に各効果について説明する。20, 30, 40, 50, 60歳の各集団を追跡し, 10年ごとに, ある態度に関する質問紙調査を実施し, 各年齢群の平均点を求めたとする。その平均点について年齢を縦に, 調査時点を横に並べた表にまとめてみる。加齢の効果のみがある場合は, 調査時点に関わらず60歳群の得点が一番高く, 20歳群が一番低いといった結果になる(**表3-1**の[a]を参照)。

時代の効果のみがある場合は，いつの時点でも年齢による得点差はなく，調査時点が後になるほど，点数が下がっていくといった結果になる（表3-1の[b]を参照）。コーホート効果のみがある場合は，同一コーホート内では，調査時点に関係なく一貫した数値が並ぶ結果となる（表3-1の[c]を参照）。

ただし，純粋に1つの効果のみが影響を及ぼしているとは言えない場

表3-1 標準コーホート表

[a] 純粋な加齢効果を示す仮説的データ

年齢＼調査時点	1950	'60	'70	'80
20	40	40	40	40
30	45	45	45	45
40	50	50	50	50
50	55	55	55	55
60	60	60	60	60

[b] 純粋な時代効果を示す仮説的データ

年齢＼調査時点	1950	'60	'70	'80
20	70	65	60	55
30	70	65	60	55
40	70	65	60	55
50	70	65	60	55
60	70	65	60	55

[c] 純粋なコーホート効果を示す仮説的データ

年齢＼調査時点	1950	'60	'70	'80
20	60	55	50	45
30	65	60	55	50
40	70	65	60	55
50	75	70	65	60
60	80	75	70	65

出典：大野，2001，p.77

合も少なくない。コーホート分析の課題として，3つの効果を客観的に評価する方法が確立しているとは言いがたい点と，今のところ量的分析に限られている点があげられるが（大野，2001），社会環境の変化も組み入れている点で有用な分析法と言える。

2．乳幼児を調べる

（1）調査と実験

　調査は，協力者のありのままの姿や自然に生起する事態を測定する。実験は，原因だと思われる要因を検討するため2つ以上の異なった条件を設定し，その条件以外は差がないよう統制して，条件間で効果を比較する。実験には，原因を探るべく研究者が意図的に操作する部分（条件設定の部分。独立変数に相当する）があるため，結果（従属変数に相当する）によっては因果的関係（結果が生じる原因）についても言及できる。一方，一回限りの調査では相関的関係性までしか言及できない。同一の集団に対し複数の時点で測定する，縦断的な調査（パネル調査ともいう）を行うことにより，因果的な関係性を推測することが可能となる。

　調査の一形態として質問紙調査がよく実施されるものの，読み書きのできない乳幼児には実施することが難しい。後述するとおり，乳幼児の発達の度合などを調べるのに，保護者や保育者に対象となる子どもに関する質問紙調査や検査を実施する方法もあるが，乳幼児本人に直接行う場合は，行動を指標とした観察調査や検査を実施することが多い。十分な会話力がなくても言葉をある程度理解できるようになっている年齢の幼児に対しては，簡単な言語教示を行い，指さし等の反応を求めることで課題の達成度を調べるという方法が可能である。例えば，上原（Uehara, 2013）では，用紙の上半分の領域に描かれている図形と同じ図形を下半分の領域に描かれた6つの図形から選択する課題10問（課題

例は図3-1を参照）を，4，5，6歳の幼児に提示し，「この絵と同じ絵はどれかな？」と質問した。その結果，年齢があがるほど正答率が高かったが，左右もしくは上下反転図形を選ぶ割合は4歳が有意に高かった（5歳と6歳の間で有意差はなかった）。この調査により，各子どもの図形一致判断能力とともに，平均的な年齢間の差が示された。

　幼児を対象として行われた実験例として，暴力行動を目撃することの影響を検討したバンデューラら（Bandura et al., 1961）の研究を簡単に紹介する。まず，3～5歳の幼児72人を，人形に大人が暴力行動をするのを見る群（暴力行動を見た群），大人が玩具を操作するのを見る群（暴力行動を見なかった群），事前に大人の行動を見ない群（統制群）の3条件群に，あらかじめ群間で攻撃性や年齢に差がないように分けた。その後，各子どもを別室に連れていき自由に遊んでもらい，その20分間に，

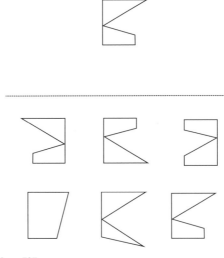

出典：Uehara, 2013, p.737

図3-1　課題例

子どもがどのような行動を示すかを見たところ,「暴力行動を見た群」が,目撃した大人が行っていたような攻撃的行動を最も多く行っていたことが示された(第14章参照)。短時間の暴力行動の目撃により本当に幼児が攻撃的になるのかについては議論の余地があるものの,暴力行動を見たか否か以外の差は条件間でほぼないため,この実験結果の原因は,事前に暴力行動を目撃したか否かにあると解釈できる。

(2) 観 察

行動観察法(観察)は,行動を観察し客観的に捉えようとする手法で,言語が未発達な乳幼児を対象に行われることが多い。行動観察を事態と形態の視点から分類すると,**図3-2**のようになる。事態,いわゆる統制の度合の視点から見ると,人為的な操作を行うことなく自然の状態で行うのが自然観察法であり,条件操作を行い統制の度合が最も強いのが実験法である。必ずしも条件操作まで行わないが,観察したい行動を測定するための状況を観察者が意図的に設定し,行動の生起の様子を観察するのが,実験的観察法である。例えば,プレイルームに同年齢の幼児

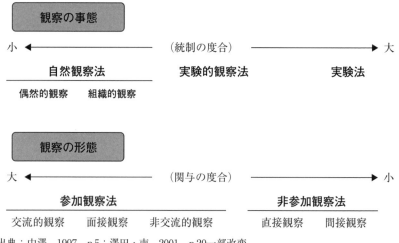

出典:中澤,1997,p.5;澤田・南,2001,p.20一部改変

図3-2 観察の事態と形態

を集め，幼児の人数より少ない玩具を用意した場合にどのようなやりとりが行われるか，年齢や性別による差があるか等を観察するという方法である。なお，自然観察法もさらに，観察場面（例えば，話し合い場面）や観察内容，観察単位（例えば，10分ごとの各子どもの発言数）を事前に設定して行う組織的観察と，そのような設定を行わずに偶然観察される内容を記録していく偶然観察に分類できる。

　形態の視点，すなわち，観察者の協力者への関わりの度合の視点から見ると，観察者が協力者の近くにいて一緒に行動するなど，協力者と関わりがあるような状況でなされる観察法を参加観察法といい，協力者に対して観察者の存在を感じさせないようにして行われる観察法（例えば，ワンウェイミラーやビデオ撮影により観察すること）を非参加観察法という。参加観察法，非参加観察法はさらに細かく分類できる。詳細については中澤（1997）を参照されたい。

　次に，観察手法について紹介していく（**表3-2参照**）。時間見本法とは，任意の時間間隔に区切って，その時間単位ごとに，調べたい行動の生起について記録する方法である。例えば，2人の幼児が一緒にゲームをしているときに30秒ごとにその直前の30秒内で（1/0サンプリング法），あるいは，その時点で（ポイントサンプリング法），対象とする行動（発声，笑顔など）が見られたか否かをチェックしていくという方法である。

表3-2　観察法の分類

観察方法	抽出単位	記録方法	分析方法
時間見本法	時　　間	行動目録法	統計的分析
場面見本法	場　　面	評定尺度法	統計的分析
事象見本法	事　　象	行動描写法	記述的分析
日　誌　法	特徴的な行動	行動描写法	記述的分析

出典：澤田・南，2001，p.25一部改変

一定時間ごとに観察し，観察と観察の間に記述時間を設け，直前の観察時間で観察された内容を自由に記述する手法もある。

場面見本法とは，特定の場面を取り上げ，その場面で生起する行動を観察する方法である。例えば，公園での遊び場面を取り上げ，それを複数の時間帯，あるいは年齢間で比較するなどがあげられる。これに対し，事象見本法とは，特定の行動事象を取り上げ，その始まりから終わりまでの過程を記録する方法である。場面見本法，事象見本法とも，量的な把握のみならず，文脈の中で行動を位置づけて，その行動の意味や原因を把握することも目的としており，ときとして時間見本法を含めて行うこともある。

また，日誌法も観察法の一つで，日常場面で，特定の子どもや集団の行動を記述する方法である。育児日誌や保育日誌がその代表であり，心理学のみならず，動物行動学や文化人類学，社会学等におけるフィールドワークやエスノグラフィーでもよく用いられる手法である。

なお，行動の記録の仕方としては，自由に記述する方法（行動描写法とも呼ばれる）のほか，あらかじめ調べたい行動として設定した行動が見られたか否かをチェックする方法（行動目録法とも呼ばれる。上述した時間見本法を参照），観察される行動の強さや傾向を尺度で評定する評定尺度法がある。

観察法においては，主観を入れず客観的に観察するよう留意する必要がある。というのも，寛大効果（よい部分に関する評価を強調し望ましくない部分を控え目に評価すること）や光背効果（目立つ特徴の評価が他の評価にも影響を及ぼすこと）など，観察者バイアスが存在するからである。また，協力者（被観察者）のプライバシーへの十分な配慮も必要である。

（3）検　査

　専門家に広く認められた，標準化された検査やテストにより，個々人の能力や性格を測定するのが検査法である。発達心理学の分野でよく利用されるのは，知能検査や発達検査であるが，個別の性質や能力などを調べる検査もある。小学校で児童を対象に，各科目の達成度合を調べるのに行われるテストは，学力検査である。ここでは，発達心理学領域ならではの検査として，発達検査を紹介する。

　発達検査は，運動や操作，生活習慣，社会性，言語や認知など，幅広い内容からなっており，各子どもの全般的な発達の度合や領域ごとの発達の度合を調べる。また，精密検査が必要か否かを判断したり，発達の遅れの可能性を早期に発見することも目的としている。検査によっては，発達の度合を示す指標として，発達指数（＝発達年齢［検査結果から示される年齢］÷生活年齢［実際の年齢］×100）が算出できるようになっている。実施の仕方として，対象とする子どもをよく知る養育者など周囲の大人に，子どもの日常の様子に関する質問に答えてもらう方法と，子ども本人に課題や検査を実施する方法がある。日本でよく利用される発達検査には，津守式乳幼児精神発達診断検査，改訂日本版デンバー式発達スクリーニング検査，新版K式発達検査がある。津守式乳幼児精神発達診断検査は養育者に答えてもらう検査で，0〜1歳用，1〜3歳用，3〜7歳用（津守・稲毛，1993；1994；2007）に分かれている。「運動」「探索・操作」「社会」「食事・排泄・生活習慣」「理解・言語」の5領域からなり，領域ごとに，対象となる子どもの該当月齢用の項目が順に並んでいる。改訂日本版デンバー式発達スクリーニング検査は，「個人−社会」「微細運動−適応」「言語」「粗大運動」の4領域からなる，子ども本人（適用年齢は0〜6歳）に実施する検査である。項目ごとに通過するおおよその生活年齢帯が示されており，それを基準に，項目ごとに

達しているか否かが判定できるようになっている。新版K式発達検査は，「姿勢－運動」「認知－適応」「言語－社会」の3領域からなる，子ども本人に実施する検査で，0〜14歳と適用される年齢幅は広い。全領域発達年齢のみならず，領域別発達年齢も求められるようになっている。

　幼児を対象とした言語発達検査としては，PVT-R 絵画語い発達検査や日本語マッカーサー乳幼児言語発達質問紙（JCDIs）などがある。後者は，小椋と綿巻（2004；綿巻・小椋，2004）が，マッカーサー乳幼児言語発達質問紙（CDIs）（Fenson et al., 1993）を邦訳し，日本の環境や言語にあうように標準化したものである。現在，多くの言語に翻訳されているため，国際的に汎用性の高い検査として利用されている。

3. 他の手法や分析法

（1）面接とラポールの形成

　言葉を理解できるようになる幼児期以降の協力者には，直接質問して答えてもらう面接が可能となる。診断や解決を目的とする臨床的面接が行われることが多いが，研究を目的とする調査的面接も行われる。面接の行い方は，以下の3つに大別できる。事前に質問項目をすべて準備しそのとおりにほぼ質問し回答を求めていく構造化面接，ある程度質問項目は事前に準備するが，その場の流れや様子により，柔軟に内容を変えていく半構造化面接，事前に質問の概要は念頭においておくものの，細かい項目などは準備せずに，面接時の流れに応じて面接を行う非構造化面接である。協力者の年齢が低いなど，会話が難しい場合は，自由回答質問や構造化面接を行うことは難しく，質問の仕方において配慮する必要がある。例えば，上原（Uehara, 2015）では，言葉を理解できても流暢に語るのが難しい幼児には，うまく手がかりを与えながら子どもに記憶内容を語ってもらうという手法をとっている。

言葉を話せても，協力者の年齢が低い場合は，質問紙調査や，厳密な言語教示は行いにくいため，対面して補佐しながら調査や実験，検査を行うことが多く，面接と同様の配慮が必要になる。協力者が子どもの場合は，研究者と協力者の間でラポールを形成することが重要となる。ラポールとは，研究者と協力者の間の親和的で信頼できる関係性のことをいう。研究内容に入る前の導入の段階で，あるいは，研究を行う実施日よりも前に会って，日常的な話をする，遊ぶなどして，慣れ親しむことで，協力者が研究に参加しやすくなる。

　心理学では，研究協力者に研究への参加の同意を得る必要があるが，発達心理学の研究に際しては，協力者が乳幼児など，協力者本人から同意を得るのが難しい場合が少なくない。その場合は，主たる養育者や，必要に応じ協力機関等から同意を得る。協力者本人の意思表示がない分，協力者が参加を嫌がっていないか，疲れていないか，中断の必要がないか等，十分配慮する必要がある。

（2）量的分析と質的分析

　量的な分析手法は，他の心理学領域とほぼ共通する。しかし，量的分析のみでは，発達や変化の本質が捉えられない場合もある。そのため，発達心理学の分野では，質的分析を含めた分析を行うことが多い。例えば，言語やコミュニケーションの発達研究では，発話量や，発話内の各品詞の占める割合，各種行動の回数や比率といった量的分析のほか，発話や行動が意味する内容の質的分析を行う。

　なお，分析が量的か質的かに関わらず，分析単位となる内容のコード化とカテゴリー化が求められる場合が多い。例えば，幼児のごっこ遊び場面での発話内容や行動を分類し，分類されたカテゴリーごとの生起比率，ごっこ遊び内での内容の展開の仕方を年齢間で比較するといった具

合である。カテゴリー分けの基準が恣意的なものではなく，誰が行っても同様に分類できるようになっていることを保証するため，全データの2割程度について，主たる研究者と，研究の目的を知らない別の研究者が独立にカテゴリー分類を行い，その分類が高い割合で一致することを確認する作業を行う。その一致の度合を示すのに，単純に一致する割合を求める場合もあるが，近年は，判定が偶然一致する割合を考慮に入れて算出されるコーエンのカッパ係数（κ 係数）が，指標としてよく用いられる。これらの指標で客観性をある程度保証したうえでカテゴリー分けを行い，その出現比率を協力者の属性により量的に分析することが多い。こうしたコード化やカテゴリー化を繰り返し行い，カテゴリー間の関連性や階層性を見出し，理論を創出していくのが，グラウンデッド・セオリー法である（Corbin & Strauss, 2008）。

》注
1）以前に見た覚えのある事物か否かを尋ねる。もしくは見覚えのある事物を選択肢から選んでもらう。

引用文献

- Ando, J., Fujisawa, K. K., Shikishima, C., Hiraishi, K., Nozaki, M., Yamagata, S., Takahashi, Y., Ozaki, K., Suzuki, K., Deno, M., Sasaki, S., Toda, T., Kobayashi, K., Sugimoto, Y., Okada, M., Kijima, N., Ono, Y., Yoshimura, K., Kakihana, S., Maekawa, H., Kamakura, T., Nonaka, K., Kato, N., & Ooki, S. (2013). Two cohort and three independent anonymous twin projects at the Keio Twin Research Center (KoTReC). *Twin Research and Human Genetics*, 16, 202-216.
- Bandura, A., Ross, D., & Ross, S. A. (1961). Transmission of aggression through imitation of aggressive models. *The Journal of Abnormal and Social Psychology*, 63 , 575-582.
- Corbin, J., & Strauss, A. (2008). *Basics of Qualitative Research: Techniques and Procedures for Developing Grounded Theory* (3rd Edition). Thousand Oaks, CA: Sage Publications. (コービン, J., ストラウス, A. 操華子・森岡崇 (訳) (2012). 質的研究の基礎―グラウンデッド・セオリィの技法と手順 [第3版] 医学書院)
- Fenson, L., Dale, P. S., Reznick, J. S., Thal, D., Bates, E., Hartung, J. P., Pethick, S., & Reilly, J. S. (1993). *The MacArthur Communicative Development Inventories: User's Guide and Technical Manual*. San Diego, CA: Singular Publishing Group.
- 小林哲生・南泰浩・杉山弘晃 (2012). 語彙爆発の新しい視点：日本語学習児の初期語彙発達に関する縦断データ解析　ベビーサイエンス, 12, 40-64.
- 小椋たみ子・綿巻徹 (2004). 日本語マッカーサー乳幼児言語発達質問紙「語と身振り」手引　京都国際社会福祉センター
- 中澤潤 (1997). 人間行動の理解と観察法　中澤潤・大野木裕明・南博文 (編著) 心理学マニュアル　観察法　北大路書房　Pp.1-12.
- 大野久 (2001). コーホート分析　齋藤耕二・本田時雄 (編著) ライフコースの心理学　金子書房　Pp.76-85.
- 澤田英三・南博文 (2001). 質的調査―観察・面接・フィールドワーク　南風原朝和・市川伸一・下山晴彦 (編著) 心理学研究法入門：調査・実験から実践まで　東京大学出版会　Pp.19-62.
- 菅原ますみ・北村俊則・戸田まり・島悟・佐藤達哉・向井隆代 (1999). 子どもの問題行動の発達：Externalizingな問題傾向に関する生後11年間の縦断研究から

発達心理学研究, 10, 32-45.
- 津守真・稲毛教子（1993）．乳幼児精神発達質問紙（1～12か月まで）大日本図書
- 津守真・稲毛教子（1994）．乳幼児精神発達質問紙（1～3才まで）大日本図書
- 津守真・稲毛教子（2007）．乳幼児精神発達質問紙（3～7才まで）大日本図書
- Uehara, I. (2013). Left-right and up-down mirror image confusion in 4-, 5- and 6-year-olds. *Psychology,* 4, 736-740.
- Uehara, I. (2015). Developmental changes in memory-related linguistic skills and their relationship to episodic recall in children. *PLoS ONE* 10(9)：e0137220.
- 綿巻徹・小椋たみ子（2004）．日本語マッカーサー乳幼児言語発達質問紙「語と文法」手引　京都国際社会福祉センター

参考文献

- 市川伸一（1991）．心理測定法への招待：測定からみた心理学入門　新心理学ライブラリ13（梅本堯夫・大山正監修）サイエンス社
- 森正義彦・篠原弘章（2007）．心理学研究法：科学の本質から考える　心理学の世界　基礎編1　培風館
- 高野陽太郎・岡隆（2004）．心理学研究法：心を見つめる科学のまなざし　有斐閣アルマ

4 | 乳児期の発達：知覚とコミュニケーション

上原　泉

《目標＆ポイント》　乳児は言葉がわからず，自力で自由に動きまわることもできないが，見る，聞く，触れる，感じる，動くことにより，多くのことを学んでいる。社会的志向性は高く，生後直後から周囲の人への反応や働きかけを行っている。乳児期の知覚やコミュニケーションの発達について学ぶ。
《キーワード》　原始反射，ジェネラルムーブメント，感覚運動期，対象の永続性，喃語，共同注意，三項関係，社会的参照

1. 姿勢，身体運動の発達と身体指標

（1）ひとり立ち―座る，歩く，つかむ

　新生児（生後1ヶ月までの乳児）は，身体全体をねじったり手足を動かしたりできるが，寝返りはできない。日が経つにつれ，うつぶせ時に徐々に頭を自力であげられるようになり，3ヶ月ごろに首がすわり始める。ひとりで座ることができるようになるのは7ヶ月ごろであり，その後，はいはい，つかまり立ちを経て，1歳2,3ヶ月ごろに自力で立って歩けるようになる。歩行できるようになるまでの姿勢，運動の発達過程については，図4-1を参照されたい。

　姿勢や歩行といった身体全体の動かし方のみならず，手や指の動かし方も乳幼児期を通じて発達していく。生後しばらくは，少し離れたところにある対象に，触れるために手を伸ばすこと（リーチング）も難しい。生後半年近くになると，触りたいと思う対象にリーチングして触れ，握

れるようになる。生後7ヶ月ごろに掌で握ることが可能になる。ちょうどこの時期は，原始反射の一つである把握反射が消失し，随意的な把握へと移行する時期となっている。その後，指でつかむことが徐々に可能となり，1歳1ヶ月ごろにつまめるようになる（Halverson, 1931; 橘川, 2001）。

指を器用に動かせるようになるのに伴い，クレヨンやペン，はさみの使用が可能になっていく。描画は幼児期に始まり，なぐりがきの時期（1歳半～2歳半ごろ），象徴期（2歳半～4歳ごろ），図式期（5歳～8歳ごろ）と移行していく（東山・東山，1999）。なぐりがきの時期は，言葉が十分に発達する前の時期で，象徴概念が未発達なため，指を器用に動かしてなぐりがきはできても，何かを表すものとして象徴的に描くことはない。言葉や表象が発達してくると，象徴期へと移行し，何かを思い浮かべながら描いたり，描いたものを命名するようになる。図式期になると，大小関係なく多視点から平面的に描かれるものの，上のほうが空，下は地面というように位置関係の秩序が出てくる。写実的な描き方はその後発達するという。はさみの使用については，直線，正三角形，

出典：橘川，2001, p.44; Shirley, 1933

図4-1　姿勢，運動の発達過程

円を切り取る課題を行った落合・橘川（1981）の結果が参考になる。3歳児と4歳児の間で，形を切る速さやできばえに大きな差があることが示されており，はさみを比較的うまく使えるようになるのは，ほぼ4歳以降と言える。

（2）原始反射とジェネラルムーブメント

　乳児期特有の身体の動きとして，原始反射とジェネラルムーブメントがある（Prechtl & Hopkins, 1986; 多賀, 2002）。いずれも表出される時期や表出のされ方に，中枢神経系の発達が関与していることが知られている。

　原始反射には複数あるが，大方，生後まもなくから4, 5ヶ月ごろまで見られる。大脳皮質が発達し，随意的な身体の動きが可能になるにつれ，消失していく。消失しない場合は，中枢神経系の障害が疑われる。主な原始反射を紹介する（Restak, 1986）。足の裏をかかと側からつま先のほうへさすると，大人の場合は通常指は足底側に曲がりつぼまるが，乳児の場合，指が扇状に広がる。これはバビンスキー反射といい，おおよそ2歳になる前までと，原始反射の中でも比較的長い期間見られる。抱きかかえた乳児を水平のまま突然下ろすと，手足を大きく広げて抱きつくかのような姿勢をとる。また，仰向けに寝かせているとき四肢を突然はねあげ抱きつくかのような動きをする。これらはモロー反射（または驚愕反射）と呼ばれている。吸綴（きゅうてつ）反射は，口にものが触れると吸い始める反射のことをいい，哺乳のために必要な反射と考えられている。乳児の両脇を支え足が床につくようにした状態で，乳児を前に少し傾けると，足を交互に動かし歩くようなそぶりを見せる。これを歩行反射（自動歩行）という。乳児の目の前に指を出すと反射的に握りしめ離さないことが多い。これは把握反射といい，生後半年を過ぎ，随意的に手を伸

ばして握り離すということが可能になると消失する。

　ジェネラルムーブメントは，生後3ヶ月間だけ仰向け時に見られる，数秒から数分にわたる全身運動である。カオス的で特定のカテゴリーに分類できない奇妙な運動とされ，3ヶ月以降に表出されるさまざまな動きを包含するように見える（多賀，2002）。特に新生児期は，ライジング（writhing）といって，手足を含む全身の粗大運動が顕著に見られる。生後2ヶ月になると，フィジェティー（fidgety）といって，全身の各部分の屈伸を繰り返すような動きが増え，3ヶ月ごろになると，徐々に，ジェネラルムーブメントらしい動きがなくなり，特定のカテゴリーに分類可能な動きが増えてくるという。中枢神経系に何らかの障害がある場合，ライジングやフィジェティーのパターンがずれると言われており（Prechtl et al., 1997），ジェネラルムーブメントは，原始反射よりも早く，生後2ヶ月前後で一部の障害を予見できる可能性が指摘されている。しかし，原始反射のように一見しただけではわかりにくいため，客観的な評価法や測定法の進展が望まれる。

（3）目は口に代わってものを言う？

　乳児は言葉を話すことができず，身体や手足の動きも限られている。その中で比較的早期から外界の変化に対して敏感に反応し，安全に測れる身体指標として，目の動きがあげられる。主要な目の動きの発達について紹介する。

　見たい対象にすぐに目を動かす瞬間的な眼球移動のことをサッケードといい，運動する目標を目で追っているときに現われる眼球運動のことを追跡眼球運動という。これらの眼球運動は，すぐに成人と同様の水準に達するわけではなく，児童期も発達し続ける（山上，1988）。サッケードは新生児期から見られるが，乳児期はサッケードを始めるまでの潜

時が長い（Aslin & Salapatek, 1975）。また，画面の中央に興味深い対象が現れているときに，周辺にも興味深い対象が現れると，4ヶ月以下の乳児ではサッケードに時間がかかるという（松沢・下條，1996）。追跡眼球運動は2ヶ月から6ヶ月の間に追跡可能速度が大きく増し，追跡しきれない速さの場合はサッケードでその動きを追う（von Hofsten & Rosander, 1997）。

　サッケードは，注意を向けたい対象への目の動きであるため，その動きから，乳児がどこに注意を向けているかがわかる。事実，こうしたサッケードや，どこにどれくらい注意を向け続けているかを測定することで，乳児期の多くの認知能力が調べられてきた。具体的には，乳児の目の前のスクリーン上，もしくは，パソコンを使ってモニター上に対象刺激を提示し，乳児がどこをどれくらい見ているかを，ビデオカメラや視線測定装置により測定する。専門的に言うと，馴化 - 脱馴化法と選好注視法という手法を用いる（Fantz, 1961; 1964）。通常，前者は刺激を1つ提示し続けて馴化が生じた後に新たな刺激を提示し，その刺激への注視時間を測定する方法である。後者は，複数の刺激（多くの場合は2つの刺激）を同時に見せたときに，どの刺激を最もよく見るかを測定する方法である。従来の研究より，区別できるなら単純な図形よりも複雑な図形を，また，記憶していれば過去に何度も見た図形よりも新奇な図形を好んで長く見ることが知られている。

2. 感覚・知覚の発達

(1) どのくらい見えているのか？

　生後2，3ヶ月の乳児の視力は0.01〜0.02程度と言われる。これまで発達心理学では，単純な図形よりも複雑な図形を好んで見るという乳児の性質を利用して，選好注視法等で，おおよその乳児期の視力を把握して

きた。詳しく言うと，灰色の刺激と縞模様の刺激を乳児の目の前に提示し，縞模様の刺激のほうを長く見るかを調べ，最終的に，乳児が見分けられる最も狭い縞の幅（最も高い空間周波数）を求めることでその乳児の見えの程度を把握してきた。言葉が発達してくると，成人の検査と同様にランドルト環を使って視力が測定される。4,5歳ごろに1.0程度に達すると言われる。乳幼児期は視力が発達途上で，小学校低学年ごろまで発達し続ける。この時期には十分な視覚経験が必要であり，長期に渡る眼帯の使用には注意を要する。

　奥行き知覚は，2,3ヶ月ごろから可能と考えられている。仰向けに寝た姿勢の乳児に対し上から刺激が落下してくる様子を見せる装置（強化ガラスにより実際には衝突せず風圧も伝わらない。図4-2参照）による実験結果が参考になる（White, 1971）。落下直後に乳児が瞬目反応（まばたき）を示せば落ちてくる感覚を有していることを意味するが，瞬目反応を一貫して示すようになるのは3ヶ月ごろとなっている。

　ただし，深さや段差に対する反応は月齢によって異なる。ギブソンとウォーク（Gibson & Walk, 1960）は，視覚的断崖装置を使って，6ヶ月から14ヶ月の乳児の深さへの反応を調べた。視覚的断崖とは，床にチ

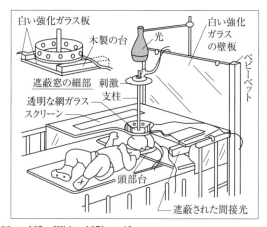

出典：山上，1996, p.135；White, 1971, p. 46.

図4-2　上から刺激が落下してくる様子を見せる装置

ェッカーボードが張り巡らされた，1 m ぐらいの段差のある装置で，段差のある部分には強化ガラスが張られている（図4-3参照）。その結果，乳児は強化ガラスが敷いてあるにもかかわらず断崖側へわたるのを躊躇したという。視覚的断崖を使ったその後の研究で，2ヶ月の乳児を断崖側に置くと心拍数が減るものの，9ヶ月の乳児では心拍数が増えるとの結果が示されている（Campos et al., 1970; Schwartz et al., 1973）。これらの結果と，視力や奥行き手がかり（運動視差や両眼視差等）の利用の発達を踏まえると，2, 3ヶ月ごろから，視覚的に奥行きを知覚しているが成人ほどではなく，身体を動かせる度合が月齢により大きく異なる乳児期は，奥行きや深さに対する興味や情緒的反応自体が発達的に変化していく可能性が考えられる。

　馴化-脱馴化法等による色覚の調査によれば，新生児でも一定の色の区別はできるが，成人に近い色の識別がほぼ可能になるのは生後2～3ヶ月ごろという（Abramov & Gordon, 2006）。

（2）感覚運動期

　2歳までの乳幼児期は，ピアジェの発達段階の感覚運動期に相当する。言葉や表象（眼前にないことを思い浮かべること）を介してではなく，

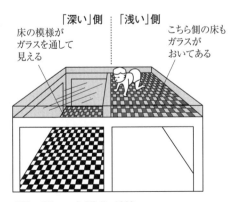

出典：山上，1996, p.135；Gibson & Walk, 1960

図4-3　視覚的断崖装置

より直接的に，感覚運動的に外界を認識している時期と言われる。ピアジェの発達に対する基本的な考え方は，シェマ，同化，調節，均衡化という言葉に集約される（第2章参照）。シェマとは，認識の枠組みということができ（子安，2005），シェマにあわせて情報を取り入れて（同化させて）いくが，新しい情報がシェマにあわないと，その情報にあわせてシェマ自体を変更（調節）し，その繰り返しを通じてより安定度の高い認識段階へ移行（漸進的に均衡化）していくと説明されている（Piaget, 1964）。

　この理論に基づくと2歳までの時期の特徴は次のようになる。出生直後は，主に原始反射等の反射的な行動により外界に反応している。次第に，自己の身体を触ることを繰り返し，続いて，自分の周りのものを触ることを繰り返し，自分の行為が及ぼす対象や外界の変化に興味を持つようになる。8ヶ月ごろからは，目標を設定し，それを達成するための手段を講じるといった意図的な行動が出てくる。例えば，ベビーベッド上のモビールを動かすために，ベビーベッドの柵を振動させるといった行動である。その後1歳ごろから，目標達成のために，さまざまな手段を試すといった行動が見られるようになる。1歳半ごろから感覚運動期の終期を迎え，次の前操作期への移行期に入る。これまで形成してきた感覚運動的シェマに基づき，新しい手段を行使するような洞察的な行動が可能になっていく（木下，2005；Piaget & Inhelder, 1966）。

（3）対象の知覚の仕方—知覚の恒常性，対象の永続性

　私たちは，目の網膜に映った像を脳に伝えることで，「見る」という知覚を得，対象を視覚的に認識できる。ただし，私たちの目は絶えず動き，身体も頻繁に動かすため，網膜への対象の映り方は常に変化している。人はなぜ，網膜上の像が絶えず変わる対象に対し，安定した視覚的

な認識を得られるのか。例えば，50m離れたところから見ていたサッカーボールに近づくと，網膜上のその像は次第に大きくなるが，そのボールのおおよその大きさや形状，模様に対する認識は変わらない。この安定的な見えのことを，知覚の恒常性という。

　乳児期における知覚の恒常性は，次のような実験で検討されてきた（Bower, 1964; 1966）。まず，ある一定の距離に置かれ一定の方向から見られるようになっている対象物Aに対して，乳児にある反応をするよう条件づける（学習段階）。次に，対象物Aとは大きさや形が異なるが，見るときの距離や角度が対象物Aと同じ対象物Bと，見る角度や距離は異なるが，学習段階の対象物Aと網膜への映り方が同じになる対象物Cを乳児に見せる。そのときの反応から，形や大きさの知覚の恒常性が生後2ヶ月で見られることをバウアーは示唆した。類似の手続きで馴化－脱馴化法により検討したスレイターらは，形や大きさの知覚の恒常性は新生児期から存在する可能性を示唆している（Slater et al., 1990; Slater & Morison, 1985）。

　一方，触れられず，視界に入らなくなったものでも存在し続けているという概念を，対象の永続性という。4ヶ月ごろの乳児では，本人の目の前で，玩具にタオルをかけると，まるでなくなったかのようにその玩具へ反応しなくなる。生後8ヶ月ごろになると対象の永続性の認識が芽生え，眼前で対象が隠された場合に，その隠された場所に対象を探すことができるようになる。しかし，8ヶ月ごろは，眼前でその隠し場所を移動させても（例えば，別のタオルの下に移動させても），移動後の場所ではなく，最初にあった場所を探し続ける。このような対象の移動もわかり，対象の永続性の理解に達するのは1歳半ごろとされる。これに対し，3，4ヶ月児でも視線では対象の移動先をとらえていることを示す知見もあるが（Baillargeon, 1987），認識して理解できているかは不

明である。隠し場所の移動後に、自ら探し出せるようになるのは1歳半ごろとする結果は繰り返し示されており、感覚運動期の終わりの時期に相当する。

3. コミュニケーションの発達

(1) 乳児のコミュニケーション

　言葉を話せないからといって、乳児がコミュニケーションを行っていないわけではない。人が働きかけると反応する。親が乳児を見つめて話しかけると乳児も見つめ返したり、笑みをうかべたりし、それに対して親が反応し、さらにそれに対して、乳児が反応するというように、比較的長い反応の掛け合いが続く場合もある。反射的に表情を模倣するような行動（共鳴動作）もすでに新生児期に見られる（Meltzoff & Moore, 1977）。また、情動伝染といって、他の乳児が泣くと泣き出す（Simner, 1971）。生後10週で母親の示す表情を区別し、その表情にあわせて反応したとの知見もある（Haviland & Lelwica, 1987）。さらに、生後間もなくから、人の顔を他の刺激よりも好んで見るという性質もある（Fantz, 1961）。人は生まれつき、他者にあわせようとする社会的な志向性を有していると言える。

　生後半年を過ぎた頃から、乳児は親しい人とそうではない人を区別し、態度を変えるようになる。この時期以降、コミュニケーションのあり方が大きく変化していく。まず、他者が指さしたり、見ているものを一緒に見るという共同注意が始まる（Tomasello, 1995）。山本（2000）は、6ヶ月児では視線だけでは難しく、指さしが伴うと本人から見て前方なら共同注意を行うが、10ヶ月児では後方は少し難しいものの、ほぼどの方向でも確実に視線のみで共同注意が生じることを示した。共同注意の成立は、自分、他者、対象の三項関係の成立とも深く関わっている。そ

れまでは，自分と対象（あるいは他者）といった，あくまで対面する対象との直接のやりとりのみの関係（二項関係）でしかなかったものが，自分，他者，対象という，三項関係を築けるようになることで，他者が対象に対してどう接しているか，またどう思っているかを知り，一方，その他者に自分がその対象をどう思っているかを伝えることが可能になっていく（図4-4参照）。三項関係は，心の理解や共感性，社会性の発達を促す基礎となる。また，言葉の発達にも寄与する。親などが対象を指さす際に言葉を発することで，それが対象物をさす言葉であると子どもに伝えやすい。一方，子ども側からも，「これ何？」という意味で指さしや参照的注視（対象を見た後で相手の方を見ること）を行うことで，対象を表す言葉を周囲の人に尋ね学んでいくことも可能となる。このように，他者の見ているものを一緒に見るという行為自体は，9，10ヶ月ごろに始まるが，その後，さまざまな機能を包含する形で，共同注意は発達していく。

　共同注意の発達に伴い，知らない対象について，周囲の親しい成人がどういう表情で接しているのかを見て，近づいてよいのか，避けたほうがよいのか等を判断するようになる。このように相手の対象への接し方や表情を参照することを，社会的参照という。10ヶ月以降の乳幼児は，人が注意を向けているものを読みとり，自分の関心のあるものや欲求を示し，さらには，外界の対象の性質まで把握しているのである。

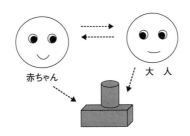

出典：筆者作成

図4-4　三項関係

（2）言葉の出現―クーイング，喃語を経て

　乳児期初期は，まだのどの喉頭(こうとう)部分が下降していないため，そもそも言葉を話すための音声を発することができない。最初に発する声は叫喚音が中心で，ほどなくして，クーイングが可能となる。のどの奥から，クッウッと鳴らすような声である。成長に伴い喉頭部分が下降すると，言葉を話すための音声，すなわち，母音と子音を組み合わせた声を発せられるようになる。その声こそが，喃語(なんご)である。「子音＋母音」構造を含む，複数の音節からなる喃語（bababa など）を規準喃語という。この規準喃語の出現は平均的には6,7ヶ月ごろだが，そのほぼ半年後に初語（初めて自発的に発せられる有意味な単語）が出現する。

　規準喃語が出現する直前の時期に，発声に同期させるような手足の動きが顕著に増えると言われる（江尻，1998）。また，この時期は，声をたてて子どもが笑い出す時期でもある（正高，2001）。言葉の正しい発音やその意味を習得する以前に，言葉を話すための発声法を習得し，そこに身体の動きが関わっていることを示す興味深い知見である。

（3）話す前から言語音を聞き分けている？

　乳児は出生直後から，言葉の意味はわからなくとも，抑揚をつけて，ゆっくりと，高めの声で話しかけられるのを好む。一方，大人たちも，乳幼児に対して，自然とこのような話しかけを行う。こうした話し方をマザリーズという。マザリーズは，乳児にとって聞き取りやすく，乳児の言葉の学習に適していると考えられている。

　初語は1歳ごろに出現するが，言葉の聞き取りはいつから可能になるのだろうか。言葉を正確に聞き取るには，まず音のリズムや音の並びのパターン（どこからどこまでが一続きの単語音なのか等）を把握し記憶にとどめ，その音の並びが意味する内容をその場で理解する必要がある。

生後間もない頃から，韻律的な特徴や単一音同士（ba と pa など）の違いを認識していることを示す知見がある（DeCasper & Spence, 1986; Eimas et al., 1971）。また，母語音声に特化した音韻的特徴の聞き分けや，単語の切り分けが可能になるのは，生後8〜10ヶ月ごろであることが示されている。例えば，クールらは，6〜8ヶ月の英語母語乳児と日本語母語乳児において，ra と la の弁別率は65％程度と変わらないが，10〜12ヶ月の乳児では，日本語母語乳児の弁別率は60％程度であったのに対し，英語母語乳児では70％を超えることを示した（Kuhl et al., 2006）。単語を，歌もしくは朗読により，短期的，長期的に繰り返し聴取する機会を設け，単語音声に対する乳児の記憶力を検討した梶川・正高（2000；2003）によれば，8ヶ月ごろには，繰り返し聴いた単語を切り出して記憶している可能性が高いという。

　では，言葉の意味は，いつごろから理解しているのだろうか。養育者が理解していると感じる理解語（50％を超える語）は，日本では12ヶ月までに12語，50語に達するのは15ヶ月で，表出より数ヶ月〜半年先行していたという（小椋，1999；小椋・綿巻，1998）。

　以上をまとめると，乳児はまず，母語の音声を聞き取るのに適した聞き方ができるようになり，自ら発音はできないがその音声が意味することを理解し始め，ほどなくして，初語が出現すると言える。

引用文献

- Abramov, I. & Gordon, J. (2006). Development of color vision in infants. In R. H. Duckman (Ed.), *Visual Development, Diagnosis, and Treatment of the Pediatric Patient.* Philadelphia, PA: Lippincott Williams & Wilkins. Pp.143-170.
- Aslin, R. N., & Salapatek, P. (1975). Saccadic localization of visual targets by the very young infant. *Perception and Psychophysics,* 17, 293-302.

- Baillargeon, R. (1987). Object permanence in 3 $\frac{1}{2}$- and 4 $\frac{1}{2}$-month-old infants. *Developmental Psychology*, 23, 655-664.
- Bower, T. G. R. (1964). Discrimination of depth in premotor infants. *Psychonomic Science*, 1, 368.
- Bower, T. G. R. (1966). The visual world of infants. *Scientific American*, 215, 80-92.
- Campos, J. J., Langer, A., & Krowitz, A. (1970). Cardiac responses on the visual cliff in prelocomotor human infants. *Science*, 170, 196-197.
- DeCasper, A. J., & Spence, M. J. (1986). Prenatal maternal speech influences newborns' perception of speech sounds. *Infant Behavior and Development*, 9, 133-150.
- Eimas, P. D., Siqueland, E. R., Jusczyk, P., & Vigorito, J. (1971). Speech perception in infants. *Science*, 171, 303-306.
- 江尻桂子 (1998). 乳児における喃語と身体運動の同期現象 I ―その発達的変化― 心理学研究, 68, 433-440.
- Fantz, R. L. (1961). The origin of form perception. *Scientific American*, 204, 66-72.
- Fantz, R. L. (1964). Visual experience in infants: Decreased attention to familiar patterns relative to novel ones. *Science*, 146, 668-670.
- Gibson, E. J., & Walk, R. D. (1960). The "visual cliff." *Scientific American*, 202, 64-71.
- Halverson, H. M. (1931). An experimental study of prehension in infants by means of systematic cinema records. *Genetic Psychology Monographs*, 10, 107-286.
- Haviland, J. M., & Lelwica, M. (1987). The induced affect response：10-week-old infants' responses to three emotion expressions. *Developmental Psychology*, 23, 97-104.
- 東山明・東山直美 (1999). 子どもの絵は何を語るか―発達科学の視点から NHKブックス
- 梶川祥世・正高信男 (2000). 乳児における歌に含まれた語彙パターンの短期保持 認知科学, 7, 131-138.
- 梶川祥世・正高信男 (2003). 乳児における朗読音声中に含まれた語彙パターンの認知 心理学研究, 74, 244-252.
- 木下孝司 (2005). 感覚―運動期：「いま，ここ」の赤ちゃんの世界 子安増夫 (編

著) よくわかる認知発達とその支援 ミネルヴァ書房 p.10.
- 橘川真彦 (2001). どこまで大きくなるの―運動能力と身体の発達 川島一夫 (編著) 図で読む心理学―発達 [改訂版] 福村出版 Pp.37-48.
- 子安増生 (2005). 発生的認識論：ピアジェの認知発達観 子安増夫 (編著) よくわかる認知発達とその支援 ミネルヴァ書房 Pp.8-9.
- Kuhl, P. K., Stevens, E., Hayashi, A., Deguchi, T., Kiritani, S., & Iverson, P. (2006). Infants show a facilitation effect for native language phonetic perception between 6 and 12 months. *Developmental Science*, 9, F13-F21.
- 正高信男 (2001). 子どもはことばをからだで覚える：メロディから意味の世界へ 中公新書
- 松沢正子・下條信輔 (1996). 注意コントロールの発達 正高信男 (編) 別冊「発達」 赤ちゃんウォッチングのすすめ：乳幼児研究の現在と未来 ミネルヴァ書房 Pp.108-121.
- Meltzoff, A. N., & Moore, M. K. (1997). Imitation of facial and manual gestures by human neonates. *Science*, 198, 75-78.
- 落合優・橘川真彦 (1981). 幼児の手先の技能の発達 横浜国立大学教育紀要, 21, 21-36.
- 小椋たみ子 (1999). 語彙獲得の日米比較 桐谷滋 (編) ことばの獲得 ミネルヴァ書房 Pp.143-194.
- 小椋たみ子・綿巻徹 (1998). マッカーサー乳幼児言語発達検査の開発と研究 平成8年度―9年度科学研究費補助金 (基盤研究 [C] [2]) 研究成果報告書
- Piaget, J. (1964). *Six études de Psychologie*. Genéve：Gonthier. (ピアジェ, J. 滝沢武久 (訳) (1968). 思考の心理学―発達心理学の6研究 みすず書房)
- Piaget, J. & Inhelder, B. (1966). *La Psychologie de l'Enfant*. Collection "Que sais-je", No.369. Paris：Presses Universitaires de France. (ピアジェ, J., イネルデ, B. 波多野完治・須賀哲夫・周郷博 (訳) (1969). 新しい児童心理学 白水社)
- Prechtl, H. F. R., Einspieler, C., Cioni, G., Bos, A. F., Ferrari, F., & Sontheimer, D. (1997). An early marker for neurological deficits after perinatal brain lesions. *Lancet*, 349, 1361-1363.
- Prechtl, H. F. R., & Hopkins, B. (1986). Developmental transformations of spontaneous movements in early infancy. *Early Human Development*, 14, 233-238.
- Restak, R. M. (1986). *The Infant Mind*. New York: Doubleday. (レスタック, R.M. 河内十郎・高城薫 (訳) (1989). 乳児の脳とこころ 新曜社)
- Schwartz, A. N., Campos, J. J., & Baisel, E. J. (1973). The visual cliff: Cardiac

and behavioral responses on the deep and shallow sides at five and nine months of age. *Journal of Experimental Child Psychology*, 15, 86-99.
- Shirley, M. M. (1933). *The First Two Years: A Study of Twenty-five Babies, Vol.2*. Minneapolis, MN: University of Minnesota Press.
- Simner, M. L. (1971). Newborn's response to the cry of another infant. *Developmental Psychology*, 5, 136-150.
- Slater, A., & Mattock, A., & Brown, E. (1990). Size constancy at birth: Newborn infants' responses to retinal and real size. *Journal of Experimental Child Psychology*, 49, 314-322.
- Slater, A., & Morison, V. (1985). Shape constancy and slant perception at birth. *Perception*, 14, 337-344.
- 多賀源太郎（2002）．脳と身体のデザイン―運動・知覚の非線形力学と発達　金子書房
- Tomasello, M. (1995). Joint attention as social cognition. In C. Moore & P. J. Dunham (Eds.), *Joint Attention: Its Origins and Role in Development*. Hillsdale, NJ: Lawrence Erlbaum Associates. Pp.103-130.
- Von Hofsten, C., & Rosander, K. (1997). Development of smooth pursuit tracking in young infants. *Vision Research*, 37, 1799-1810.
- White, B. L. (1971). Recent additions to what we know about infant behavior. In White, B. L., *Human Infants: Experience and Psychological Development*. Englewood Cliffs, NJ: Prentice-Hall. Pp.40-87.
- 山上精次（1988）．サッケードと追跡眼球運動の初期発達について　基礎心理学研究，7，71-83.
- 山上清次（1996）．発達（発達心理学）金城辰夫（編著）　図説現代心理学入門［改訂版］培風館　Pp.125-148.
- 山本淳一（2000）．自閉症児のコミュニケーション：機能的アプローチの可能性　久保田競（編著）　ことばの障害と脳のはたらき　ミネルヴァ書房　Pp.39-94.

参考文献

- 川島一夫（編著）（2001）．図で読む心理学―発達［改訂版］福村出版
- 無藤隆・岡本祐子・大坪治彦（編著）（2009）．よくわかる発達心理学［第2版］ミネルヴァ書房
- 山口真美・金沢創（2008）．赤ちゃんの視覚と心の発達　東京大学出版会

5 | 乳児期の発達：アタッチメントの形成

福島　朋子

《目標＆ポイント》　この章では，乳幼児期の発達の基礎となるアタッチメント（愛着）を紹介する。まずアタッチメントについて，その基本的な考え方や働き，そしてその個人差と測定法について説明する。また，アタッチメントの形成には養育者の関わりが影響していること，乳幼児期に形成されたアタッチメントは人との関わりの基本的な枠組みとなり，その後も影響を及ぼす可能性があること，さらにはアタッチメントの世代間伝達の問題も取り上げていく。
《キーワード》　アタッチメント（愛着），基本的信頼感，内的ワーキングモデル，ストレンジ・シチュエーション法

1. アタッチメントとは

　乳児は，強い不安や恐れを感じると，特定の人に近づき，そしてそれを維持しようとする。こうした行動とそれをもたらす心の働きを，ボウルビィはアタッチメントと呼んだ（Bowlby, 1969）。
　アタッチメント行動は，主として，養育者に対して向けられるものであるが，生まれて成長していくなかで徐々に対象が明確になっていくものと考えられている。そのプロセスを見てみよう。
　第4章で取り上げたように，乳児は，生まれた直後から，周囲の人間の関心を引きつけるような行動をしている。例えば，人の顔をじっと見たり，人の声のする方向へ顔を向けたり，手を伸ばしたりする。見つめられ，顔を向けられた人は，思わずその子どもに声をかけたり，指で頬

をなでたりするであろう。また，彼らはお腹が空いたり，おむつが汚れたりすると泣き始めるが，この泣きも周囲の人間の関心を引かずにはおかない。

　こうした行動は，生まれた当初はあまり人を選ばずに生じるように見えるが，徐々に対象が限られるようになり，生後6ヶ月くらいになると，もっぱら養育者に対して行われるようになる。養育者の顔を見たり，声を聞くと，乳児は微笑んだり，声を出したり，手を伸ばしたりする。そして，生後7,8ヶ月以降，はいはいにより自力での移動が可能になると，養育者に自分から近づいたり，後を追ったりするようになる。

　このようにアタッチメントの対象が養育者に向けられるようになっていくプロセスには，養育者の乳児に対する日常的な養育行動が関わっている。乳児は周囲の人間に日常的に養育してもらい，欲求を満たしてもらわないと生きていくことができない。そこで，周囲の人間の関心を引きつけるような行動を取り，適切な養育をしてもらえれば，結果的に乳児の不快さや不安が減り，快や安心感が増すこととなる。そして，この繰り返しが相対的に多い人間がアタッチメントの対象となっていくが，そういった機会に恵まれているのは，やはり親や保育者といった養育者である。

　ここで気をつけてほしいのは，乳児の快－不快は，食欲や排せつ処理などのような生理的な欲求によるものだけではないという点である。例えば，生まれたばかりの乳児でも，人の顔をじっと見たり，声のする方向に顔を向けたりするように，「人は本質的に対象希求的で，誰かとの相互作用を求め，楽しむという，生まれながらの性質をもっている」（数井，2005）。すなわち乳児は，周囲の人間とのコミュニケーションを求めて，人の顔を見たり，顔を向けたりすることもあるのである。

2. アタッチメントの働き

(1) 乳児の好奇心や学びを支える

　人間の乳児の心理的な特徴として，まず好奇心や探索心が強いことがあげられる。乳児にとっては，目に見えるすべてのものが新奇なものであろうが，それらが近づいても大丈夫かどうかは事前にはわからない。そのため，危ないものや心配なものに出合ったときの備えが，乳児の側には必要となってくる。このような状況に出くわすと，乳児はすぐさま養育者のところに戻ったり，養育者の表情を見たりする（これを，問い合わせ行動，もしくは社会的参照という）が，これは養育者に近づくことによって，安心感が得られるというアタッチメントの機能にほかならない。エインスワースは，特にこれを安心の基地（安全基地ともいう）としての働きと呼んでいる（Ainsworth, 1972）。

　乳児の心理的特徴としては，このほかに模倣があげられる。子どもは他者の動作や行動をまねてものを覚えていくが，この模倣も，養育者と一緒だと生じやすいことが示されている。図5-1は乳児の模倣について取り上げた実験の結果である（池上，1988）。人間のお面を用意し，

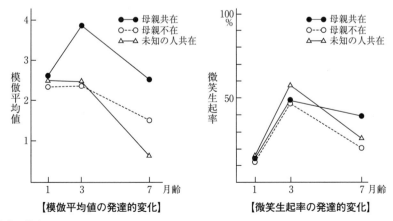

出典：池上，1988

図5-1　乳児の舌出し模倣と微笑の発達的変化

口や舌が動くようにしておく。これを乳児に見せたときに、どのくらい舌出し模倣や微笑が起こるかを、母親と一緒のとき、母親が不在のとき、そして未知の人と一緒のとき、の3条件で調べた。その結果、生後3か月以降の乳児は、母親と一緒のときに舌出し模倣をよくすることが示された。微笑は、生後1ヶ月では誰と一緒でもあまり出現しないが、3ヶ月になると誰に対しても同じようによく笑うようになり、7ヶ月では母親と一緒のときに最もよく笑うようになる。学ぶは「まねぶ」が語源であるといわれるが、子どものもつ「まねぶ」力も、アタッチメントによって支えられていることがわかる。

(2) 子どもの発達を支える

　アタッチメントの対象が絞られていく中で、子どもの心の中に形成されていくものがある。一つは、他者へ効果的に働きかける主体としての自分に対する自信である。これをソーシャル・コンピテンスという。乳児は、養育者から適切な応答を引き出すために、自らの状況を知ってもらうよう、養育者に働きかけなくてはならない。この際、養育者に働きかければ、望んでいる方向へ事態が向かうという感覚がもてないと、そういった働きかけは生じにくくなるであろう。

　二つめは、他者に対する基本的信頼感である。上記のコンピテンスが、働きかける主体としての自信であるのに対して、これは、自分が働きかけさえすれば、その対象となっている人は基本的に自らが望んでいる方向へ事態を動かしてくれるはず、という意味での信頼である。養育者との関係の中で形成された他者に対する基本的信頼感は、上述したソーシャル・コンピテンスとともに、養育者以外との人間関係を形成していくうえでの基礎となりうることが指摘されている。

　例えば、5，6歳になるまで、社会的に隔離された状態で育った姉弟

の事例（第1章参照）では，1972年に発見された当時，心身ともに1歳児程度にすぎなかったが，保護され，施設へ引き取られ，施設職員や研究者たちの献身的な努力によって，急速に成長・発達をとげることができた（藤永ら，1987）。担当保育者に対するアタッチメントの形成が，その後の仲間関係や他の保育者との関係を形成する礎となり，またそれをきっかけとして，社会性や言葉の発達も急速に進んだことが報告されている。

（3）内面化されるアタッチメント

　冒頭で述べたように，乳児は，不快・不安な状況になると，アタッチメント対象に近づき，そしてそれを維持しようとする行動傾向をもつが，2，3歳になると，そういった行動傾向は減少してくる。

　幼児期に入ると，養育者から離れて行動する機会も増え，子ども自身も自立や自律が周囲から期待されていることを認識して，それに応えようとする。また，表象能力が発達してきて，不安な状況に置かれたときに，目の前に養育者がいなくても，養育者とのやりとりを心の中でイメージすることで情緒的な安定が得られるようになる（数井，2005）。こうして，アタッチメントに基づく行動は，心の中に取り込まれ，人間関係に関する認知的な枠組みが形成されていく。ボウルビィは，これを内的ワーキングモデル（Internal Working Model：IWM）と呼んでおり，幼児期以降のアタッチメントの個人差は，このIWMの違いとして捉えることができる（Bowlby, 1969）。

　なお，内面化される過程で，スヌーピーでおなじみのマンガに登場するライナスの毛布のような，移行対象と呼ばれるものが出現することがある。同じぬいぐるみやハンカチなどをいつも持って歩き，それを手にしていないと落ち着かなくなるというように，あたかもそれらがアタッ

チメントの対象となっているかのような行動を示す。

3. アタッチメントの個人差

(1) ストレンジ・シチュエーション法

　乳児は，自らの欲求を満たしてもらうために，養育者の関心を引きつける行動を取る傾向があるが，最終的に欲求が満たされるかどうかは，養育者がどのような養育行動を取るかにかかっている。また，養育者が乳児の発する信号をどのように捉え，どのような養育行動を取るかに応じて，乳児も行動パターンを調整していかなくてはならない。そこにアタッチメントの個人差が生まれてくる。

　こうした個人差を把握しようと，エインスワースは，ストレンジ・シチュエーション法（Strange Situation Procedure：SSP）という手続きを考案した（Ainsworth, 1972）。子どもが養育者へ接近するのは，不安や恐怖，緊張というストレスのある状況に置かれたときである。そこで，SSPでは，見慣れない場所で親子を分離させ，見知らぬ人と会い，親と再会するというマイルドなストレス場面を子どもに与え，そこでの子どもの行動が全体としてどう組織化されているか評定することで，形成されたアタッチメントの型を把握する。図5-2に示すようにこの手続きは8つの場面からなる。

(2) アタッチメントの3タイプ

　エインスワースによると，こうした行動の組織化の個人差は，養育者との分離場面と再会場面において顕著に見られるという。そして，この2つの場面における行動の組み合わせから，Aタイプ（回避型），Bタイプ（安定型），Cタイプ（アンビバレント型）の3タイプがあるとした。このうち，Aタイプ（回避型）は，分離場面において，泣いたり混乱を

第5章 乳児期の発達：アタッチメントの形成 | 73

実験者が母子を室内に案内。母親は子どもを抱いて入室。実験者は母親に子どもを降ろす位置を指示して退出。（30秒）

母親は椅子に座り，子どもはおもちゃで遊んでいる。（3分）

ストレンジャーが入室。母親とストレンジャーはそれぞれの椅子に座る。（3分）

1回目の母子分離。母親は退出。ストレンジャーは遊んでいる子どもにやや近づき，働きかける。（3分以下）

1回目の母子再会。母親が入室。ストレンジャーは退出。（3分以上）

2回目の母子分離。母親も退出。子どもは1人残される。（3分以下）

ストレンジャーが入室。子どもを慰める。（3分以下）

2回目の母子再会。母親が入室しストレンジャーは退室。（3分）

注：この実験では，子どもが強い泣きを示した場合はエピソードを短縮し，そして泣きやんだ後，十分に落ち着くまでエピソードを延長する。
出典：沼山・三浦，2013, p.45

図5-2 ストレンジ・シチュエーションの8場面

示すようなことがほとんどなく，再会場面でも，うれしそうな態度を示さず，親から目をそらしたり，親を避けようとする。Bタイプ（安定型）は，分離場面において，ぐずったり，泣いたりと多少の混乱を示すが，再会場面では積極的に身体接触を求め，うれしそうに親を迎え入れる。Cタイプ（アンビヴァレント型）は，分離場面で適度の不安や抵抗を示すが，再会場面では，親に強く身体接触を求める一方で，親に対して強い怒りを示すなど，相反する行動が見られる（表5-1）。

　近年では，これら3タイプのほか，アタッチメント行動が組織化されていないDタイプ（無秩序・無方向型）の存在も指摘されている。

　以上の4つの型それぞれにおけるSSPでの乳児の行動特徴と，各家庭における日常の親子相互作用の観察から得られた養育者の特徴を表5-1に示す。この表にあるように，SSPでのアタッチメント行動に関連する養育者の特徴としては，乳児の欲求そのもの，乳児が発する声や泣き声，表情などのシグナル，この両者に対する感受性があげられる。

(3) Dタイプ（無秩序・無方向型）のアタッチメント

　SSPで見出されるアタッチメントの型の中で，近年臨床的に注目されているのが，Dタイプ（無秩序・無方向型）である。

　Dタイプでは，接近と回避という矛盾した行動が同時的，継時的に生じる。例えば，顔をそむけながら接近したり（同時的），養育者にしがみついたかと思うとすぐに床に倒れ込んだりする（継時的）というように，矛盾した行動がさまざまに出て，養育者に対して一貫した行動が見られないため，「総じてどこへ行きたいのか，何をしたいのかが読みとりづらい」状況となる（遠藤，2003；Main& Solomon, 1990）。

　Dタイプに該当する子どもの養育者の特徴としては，抑うつ傾向が高かったり，精神的に極度に不安定だったり，子どもを虐待したりするな

表5-1　子どものアタッチメントの個人差を生む養育特徴

		子どもの特徴	養育における親の特徴
組織化されたアタッチメント	安定型 (Secure：B型)	SSPでは，分離時には多少の泣きや混乱を示す。再会時には積極的に養育者に近接，接触し，沈静化する。不安なときに養育者などに近接し，不安感をやわらげる。養育者を安心の基地として使っている。	子どもの欲求や状態の変化に敏感であり，子どもの行動を過剰に，あるいは無理に統制しようとすることが少ない。また，子どもとの相互作用は調和的であり，親もやりとりを楽しんでいることがうかがえる。遊びや身体的接触も，子どもに適した快適さでしている。
	回避型 (Avoidant：A型)	SSPの分離時には，泣いたり混乱を見せることはほとんどない。おもちゃで黙々と遊んでいる。ストレンジャーとも遊んだりする。再会時に養育者を避けるか，ちらっと見る程度である。 ある程度までの不安感では養育者には近接しない。養育者を安心の基地として使わない。	全般的に，子どもの働きかけに対して拒否的に振る舞うことが多いが，特にアタッチメント欲求を出したときにその傾向がある。子どもに微笑んだり，身体的に接触したりすることが少ない。また，子どもの行動を強く統制しようとする関わりが，相対的に多く見られる。
	アンビヴァレント型 (Ambivalent：C型)	SSPでは，分離時に強い不安や泣き，混乱を示す。再会時には積極的に身体接触を求める。一部は求めながら，養育者をたたくなどの怒りを表す。抱き上げるとのけぞり，おろせと言う。全般的に不安定で用心深く，養育者に執拗に接触していることが多く，安心の基地として離れて探索行動を行うことができない。	子どもの信号に対する応答性，感受性が相対的に低く，子どもの状態を適切に調整することが不得意である。応答するときもあるし，応答しないときもある。子どもとの間で肯定的なやりとりができるときもあるが，それは子どもの欲求に応じたというよりも，親の気分や都合に合わせたものであることが多い。結果として，応答がずれたり，一貫性を欠いたりすることが多くなる。
未組織状態のアタッチメント	無秩序・無方向型 (Disorganized/Disoriented：D型)	SSPでは，近接と回避という本来成り立たない矛盾した行動が同時に起こる。不自然でぎこちない行動，タイミングがずれたり，突然すくんでしまったりと，行動方略に一貫性がない。養育者に怯えているような素振りを見せることもある。初めて出会う実験者やストレンジャーに対して，親しげで自然な態度をとることがむしろ少なくない。	養育者が，子どもにとって理解不能な行動を突然とることがある。たとえば，結果として子どもを直接虐待するような行為であるとか，あるいは，訳のわからない何かに怯えているような行動であるとかする。そのような子どもにとって訳のわからない親の行動や様子は，子どもに恐怖感をもたらす。そのため，子どもはなすすべがなく，どのように自分が行動をとっていいかわからなくなり，混乱する。

注：SSPとは，ストレンジ・シチュエーション法の略である。
出典：数井，2012, p.8

どがあげられる。また，被虐待児の8割がこのタイプだと言われている（遠藤，2003）。

4. アタッチメントの連続性と世代間伝達

(1) アタッチメントの連続性

乳児期に形成されたアタッチメントはその後どのように変化していくのであろうか。ここでは，乳児期と青年期における，アタッチメントの型の一致率を捉えようとした研究を踏まえて考えていく。

アタッチメントの型は，乳児期においてはSSPによって把握されているが，青年期については，メインらによって開発された成人アタッチメント・インタビュー法（Adult Attachment Interview: AAI）が用いられている（Main et al., 1985）。AAIは，養育者との関係について子ども時代のことを想起し語ってもらい，回答の内容や一貫性から，自律型，アタッチメント軽視型，とらわれ型，未解決型の4つに分類するものである。それぞれ順に，SSPのBタイプ（安定型），Aタイプ（回避型），Cタイプ（アンビヴァレント型），Dタイプ（無秩序・無方向型）に理論上は対応している。

乳児期と青年期のアタッチメントの一致に関しては，はっきりとした結果が出ているとは言えないが，多くの研究で，乳幼児期以降の発達過程における養育環境の変化によって，アタッチメントが影響を受ける可能性が示唆されている。

例えば，リスク[1]の低いサンプルを扱った研究では，6割を超える一致率が見出されているが（Hamilton, 2000; Waters et al., 2000），リスクの高いサンプルを扱った研究では4割前後と，それほど大きな一致率は見出されてはいない（Lewis et al., 2000; Weinfield et al., 2000）。リスクの高いサンプルでは，離婚や死別，親の薬物中毒やアルコール中毒，

虐待など，養育環境の悪化を相対的に経験しやすく，そのため，アタッチメントが変動しやすいものと考えられる。また，ウォータースらによると，低いリスクサンプルの場合でも，上であげたようなストレスの強いイベントを経験することでアタッチメント変動が生じることが指摘されている（Waters et al., 2000）。

（2）アタッチメントの世代間伝達

　乳幼児期のアタッチメントの個人差が生まれる要因の一つとして，養育者自身のアタッチメントの型が考えられている。これは養育者のアタッチメントの型が，養育行動ややりとりを通して，子ども自身のアタッチメントの形成に影響を与えるという世代間伝達の問題でもある。

　この問題に対し，養育者の側のAAIの結果と，子どもの側のSSPの結果との一致度を調べる形で研究が進められてきた。18サンプル854組の母子についてメタ分析を行った研究によれば，Dタイプを含めないABC3分類で70％，含めた4分類で63％の一致率という結果となっている（van IJzendoorn, 1995）。同様の傾向は，日本でも，数井ら（2000）やベーレンら（Behrens et al., 2007）によって見出されている。

　このようにアタッチメントの世代間伝達の可能性が示唆されているものの，その伝達のメカニズムは必ずしも明確ではない。先に乳児のアタッチメントの型と，子どもの発する信号や行動に対する養育者の感受性との関連性について述べたが，親の感受性が，親子間のアタッチメントにどの程度寄与しているかを調べた研究をみると，23％（van IJzendoorn, 1995）や17％（Pederson et al., 1998）とそれほど高くはない。親子の遺伝的な関連の影響も考えられるが，行動遺伝学（第1章参照）による，一卵性双生児や二卵性双生児におけるきょうだい間のアタッチメントの質の研究では，遺伝的規定性は極めて低いことが示唆されている

(Bokhorst et al., 2003)。また，子どもの気質との関連も指摘されているが，これについては議論が分かれており，結論は出ていない（遠藤，2003）。

近年では，本章で紹介したアタッチメントの考え方を踏まえて，親の養育行動や子どもとのやりとりに介入する手法が開発されている。「安心感の輪」子育てプログラム（**図5-3**）はその代表的なものである。

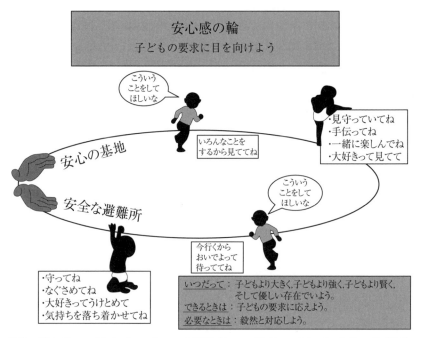

出典：Web Page：Circleofsecurity.org ©2000 Cooper, Hoffman, Marvin, & Powell／北川，2012

図5-3　安心感の輪

》》注

1）虐待を含む，子どもが不遇な目にあう可能性のある要因を数多く含む家庭にいる場合をハイリスク，そうでない場合をローリスクとしている。

付記：本稿の執筆にあたっては，北川恵先生（甲南大学）のご協力をいただいた。

引用文献

- Ainsworth, M. (1972). Attachment and dependency: A comparison. In J. Gewirtz (Eds.), *Attachment and Dependency*. Washington D.C.: Winston & Sons. Pp.97-137.
- Bowlby, J. (1969). *Attachment and Loss vol.1. Attachment*. London: Hogarth Press. (ボウルビィ, J. 黒田実郎・大羽蓁・岡田洋子・黒田聖一 (訳) (1976). 母子関係の理論Ⅰ—愛着行動— 岩崎学術出版社)
- Behrens, K. Y., Hesse, E., & Main, M. (2007). Mothers' attachment status as determined by the Adult Attachment Interview predicts their 6-year-olds' reunion responses: A study conducted in Japan. *Developmental Psychology*, 43, 1553-1567.
- Bokhorst, C. L., Bakermans-Kranenburg, M. J., Fearon, R. M., van IJzendoorn, M. H., Fonagy, P., & Schuengel, C. (2003). The importance of shared environment in mother-infant attachment security: A behavioral genetic study. *Child Development*, 74, 1769-1782.
- 遠藤利彦 (2003). 個別的要素の観点から見るアタッチメント理論の現在 21世紀COEプログラム「心の働きの総合的研究教育拠点」平成15年度活動報告 http://www.psy.bun.kyoto-u.ac.jp/COE21/report/H15/9D-0.pdf
- 藤永保・斎賀久敬・春日喬・内田伸子 (1987). 人間発達と初期環境 —初期環境の貧困に基づく発達遅滞児の長期追跡研究— 有斐閣
- Hamilton, C. E. (2000). Continuity and discontinuity of attachment from infancy through adolescence. *Child Development*, 71, 690-694.
- 池上貴美子 (1988). 乳児期の口の開閉と舌出し模倣に関する対人的条件の検討 —母親のひざに抱かれる意味— 教育心理学研究, 36, 192-200.
- 数井みゆき (2005).「母子関係」を越えた親子・家族関係研究 遠藤利彦 (編) 発達心理学の新しいかたち 誠信書房 Pp.189-214.
- 数井みゆき (編著) (2012). アタッチメントの実践と応用 誠信書房
- 数井みゆき・遠藤利彦・田中亜希子・坂上裕子・菅沼真樹 (2000). 日本人母子における愛着の世代間伝達 教育心理学研究, 48, 323-332.
- 北川恵 (2012). 養育者支援—サークル・オブ・セキュリティ・プログラムの実

践　数井みゆき（編著）　アタッチメントの実践と応用　誠信書房　Pp.23-43.
- Lewis, M., Feiring, C., & Rosenthal, S. (2000). Attachment over time. *Child Development*, 71, 707-720.
- Main, M., Kaplan, N., & Cassidy, J. (1985). Security in infancy, childhood, and adulthood: A move to the level of representation. *Monographs of the Society for Research in Child Development*, 50, 66-104.
- Main. M., & Solomon. J. (1990). Procedures for identifying infants as disorganized/disoriented during the Ainsworth Strange Situation. In M. T. Greenberg, D. Cicchetti, & E. M. Cummmings (Eds.), *Attachment in the Preschool Years*. Chicago: The University of Chicago Press. Pp.121-160.
- 沼山博・三浦主博（編）（2013）．新訂子どもとかかわる人のための心理学　萌文書林
- Pederson, D. R., Gleason, K. E., Moran, G., & Bento, S. (1998). Maternal attachment representations, maternal sensitivity, and the infant-mother attachment relationship. *Developmental Psychology*, 34, 925-933.
- Waters, E., Merrick, S., Treboux, D., Crowell, J., & Albersheim, L. (2000). Attachment security in infancy and early adulthood: A twenty-year longitudinal study. *Child Development*, 71, 684-689.
- Weinfield, N. S., Sroufe, L. A., & Egeland, B. (2000). Attachment from infancy to early adulthood in a high-risk sample: Continuity, discontinuity, and their correlates. *Child Development*, 71, 695-702.
- van IJzendoorn, M. H. (1995). Adult attachment representations, parental responsiveness, and infant attachment: A meta-analysis on the predictive validity of the Adult Attachment interview. *Psychological Bulletin*, 117, 387-403.

参考文献

- 繁多進（1987）．愛着の発達―母と子の心の結びつき―　大日本図書
- 数井みゆき・遠藤利彦（編著）（2005）．アタッチメント―生涯にわたる絆―　ミネルヴァ書房

版権：安心感の輪
Used by permission of Cooper, Hoffman, Powell LLC, dba Circle of Security International through Japan UNI Agency., Inc.Tokyo

6 | 幼児期の発達：言葉と認知

上原　泉

《目標&ポイント》　幼児期は表象や概念，言葉の発達が著しい。語彙量(ごい)が増え文法を習得するばかりではなく，コミュニケーションスキルも向上し，他者の心を読み取ったり，自分の気持ちや考えを表現できるようになる。また，時間認識が芽生え，記憶の仕方も変わっていく。本章では，幼児期における言葉と認知の発達について学ぶ。
《キーワード》　語彙爆発，外言と内言，前操作期，心の理論，自伝的記憶，メタ記憶，実行機能

1. 言葉の発達

（1）初期の言葉の発達

　初語（初めて自発的に発せられる有意味な単語）を発するのは1歳ごろである。1歳になると三項関係（第4章参照）が成立しているため，対象の名前を教えやすくなる。発せられる単語を品詞で分けると，発達初期は，具体的な事物の名称，すなわち名詞の割合が高い。ただし，多少言語差があり，日本語を母語とする幼児（日本語幼児）が理解，表出する言葉に占める名詞の割合は，英語を母語とする幼児（英語幼児）より少し低く，動作語の割合は日本語幼児のほうが少し高いという（小椋，1999）。文法や日常的な使用法（英語では主語や目的語は省略されないが，日本語では省略して話すことが多いなど）の違いが関わっていると思われる。また興味深いことに，子どもが発する語のうちに占めるオノ

マトペ（擬声語）や幼児語（ワンワンなど）の割合は日本語幼児で高いという（de Boysson-Bardies, 1996; 小椋, 1999）。このような言語差はあるものの，いずれの言語でもしばらくは，一語発話といって，1つの単語だけを発する時期が続く。

　第4章で述べたように，生後半年ごろは，発声時に手足の動きとの同期現象が見られ，かつ規準喃語や笑いの出現時期でもあり，言葉の準備段階に身体的側面が関係する可能性が考えられるが，初期の言葉の発達においても，身体的側面が関わっている可能性が示されている。小林（1997）によると，物の操作に結びつけて物の名前を覚えていく側面があるという。例えば，ボールに触れながら，「ポーンとして」などと言って一緒に遊んでいるうちに，「ポーン」とか「ポーンテンノ」という言葉が，ボールの操作にあわせて最初に出てくるようになり，次第に「ボーリュ」「ボール」と言えるようになった事例を紹介している。実際に触れて操作することにより，その物の特徴や扱い方を知り，その物をさす言葉を習得していく様子がうかがえる。

　ただし，言葉の具体的な習得過程についてはいまだに不明な点が多い。よく議論になる点の一つが，ある物の名前を幼児に教えようとして，その名称を言いながら物を指さした場合に，なぜその言葉がさす内容を，比較的短期間のうちに，子どもが理解できるのかという点である。例えば「コップ」と言ってコップを指さした場合，コップの色や入っている液体をさすのではなく，そのような形状の入れ物をさしていることを，幼児はすぐに理解する。確かに，言葉を話し始めたばかりの頃は，さす範囲を広げすぎる過拡張（例えば，ワンワンを犬だけではなくネコのこともさす）や，限定しすぎる過限定（例えば，ガタゴトは一部の電車のみをさす）がよく見られる。しかし，大幅にずれた理解というのは少なく，その言葉のさすおおよその範囲を短期間で把握するようになる。そ

の理由として，幼児が言葉を習得する際に，制約（バイアス）があるからではないかと言われてきた（今井，1997）。例えば，新しい言葉を聞いたときに，子どもは事物の属性ではなくその事物全体をさす名称だと認識する傾向にあること（事物全体バイアス），固有名詞ではなくカテゴリーの名称だと認識する傾向にあること（事物カテゴリーバイアス），形状が似ている物は同じカテゴリーと認識する傾向にあること（形状類似バイアス），物につくカテゴリー名は1つと認識する傾向にあること（相互排他性バイアス）等である。

（2）語彙爆発と多語文へ

　1歳後半に入ると語彙数が急激に増える。語彙数が約50語に達するまでは1ヶ月に10語も習得しないが，50語を過ぎると，1ヶ月に数十語と急激な速さで習得していく。このような急速な語彙習得を語彙爆発という。多数の子どもの横断的な研究に基づき知られるようになった現象だが，語彙爆発の背景にあるメカニズムや要因はよくわかっていない。

　小林ら（2012）は，1年にわたる母親によるウェブ上の日誌への新単語等の記録と1ヶ月に一度の母親との面談により，数十人の子ども一人ひとりの新単語の表出過程を調べた。その結果，語彙爆発の前の時期は，新単語を数日以上発しないことが多いこと（新単語を発しない時期をプラトーと称する），語彙爆発時期以降になるとプラトーがほぼなくなること，語彙爆発前の時期のプラトーを除去した語彙発達の速度と語彙爆発後の語彙発達速度は個人内ではほぼ変わらないことを示した。また，表出単語数が1〜20語の段階における一般名詞数の割合が高いほど，語彙発達の速度が大きいという関係性も示した。語彙爆発開始ごろに，個人間で共通して見られる変化（語彙への認識や習得法）と，個人差の背景にある要因を示唆する興味深い結果である。

語彙爆発の時期以降，発話形態も大きく変わる。1歳半ごろまでは，ほぼ一語発話だが，徐々に，イントネーション的にも間隔的にも完全につながってはいないものの，単語を続けて言うこと（非統語結合発話）が増えてくる。平均的には2歳になる前ぐらいに，イントネーションを下げずに単語を一続きに発するような二語発話（統語結合発話）が始まり，助詞も使用し始める（綿巻，2001）。終助詞から発せられ，格助詞，副助詞，接続助詞の発話の開始が続く。短期間のうちに，助詞，助動詞の使用，多語発話が増え，発せられる文は複雑化していく。個人差は大きいが，平均発話長[1]（Mean Length of Utterances：MLU）は24〜26ヶ月で1.5〜2.0程度，35〜40ヶ月で3.0〜3.75程度と言われる（Brown, 1973，綿巻，2001）。3歳になる頃には，おおむね十分な発話力を有するようになる。

（3）発話の機能：コミュニケーションと内言の発達

　十分な語彙数と発話技量を身につければ，スムーズな会話ができるかというとそうではない。上原（2006）が3歳から6歳を対象に同年齢集団でのやりとりの様子を分析した結果，誰かが言葉や行動を発しても，3，4歳以下では半分以上で応答が見られず，反応したとしても模倣や非言語的な反応が多いこと，一方6歳ごろになると，相手の発話の7，8割に対し応答し，比較的長いやりとりが増えることが示された。上述した3歳の発話力と矛盾するように見えるが，4歳ごろまでは，年長者の助けを得ずに自力で会話を展開するのは難しい。

　会話は，単なる言語情報の交換ではない。言外の気持ち等を含む伝達内容の意味を読み取るだけの想像力と相手の心を理解する能力に加え，その前後の会話の流れやその場の状況を読み取るための語用論的知識と的確なタイミングで話す技量が必要とされる。では，会話力はどのよう

に発達するのか。

　会話が十分に行えない幼児に対して，話しかけに対する応答の仕方を，養育者は無意識のうちに伝えている。子どもの会話力にあわせ，養育者は足場かけ（scaffolding）を頻繁に行う。子どもに質問して（例えば絵本を見せながら「これ何だろう？」と尋ねる），応答がない場合は養育者自身が答えを言う（「これは，ワンワンだね」など）。子どもの会話力の発達に伴い，足場かけを減らしたり，その仕方を変えていく。想像力や心の理解力を中心とする認知能力が発達し，日常的な家庭内でのやりとりや，子どもたち同士によるごっこ遊び等で相互作用の経験を積み重ねていくことにより，幼児期終わりごろには安定した会話ができるようになる。

　発話は，他者と会話するためにだけなされるわけではない。会話力が十分ではない幼児期初期に，他者志向性の低いひとりごとを発することはあるが，ヴィゴツキー（Vygotsky, 1934）が指摘するように，幼児期後期以降は，難しい課題を行っているときにひとりごとを言うことが増えてくる。他者に向けての外言の機能としてのみならず，思考の道具としての内言の機能も担うようになっていく（第2章参照）。次第に，発話せずとも言語的に考えることができるようになる。

2. 心的活動と心の理解

（1）前操作期—表象の芽生え

　ピアジェの理論でいうと，2歳から7歳ごろは前操作期とされる。感覚運動期から大きく異なるのは，言葉の発達に伴う，表象や象徴機能の発達である。表象とは，眼前にないものを思い浮かべることをいい，象徴機能とは，ある事物を別の事物や記号などで表すことをいう。前操作期は，前半の4歳ごろまでを「前概念的思考段階」，それ以降を「直観

的思考段階」として区分される（Piaget, 1970）。

前概念的思考段階は，感覚的な情報をイメージやシンボル，言葉等に置き換え，それらを介して外界を把握し始める時期である。遊びの中で，見立て（例えば，積み木を食べ物や乗り物に見立てること）や，ふり（例えば，自分がTVのヒーローになったふりをしたり，空のおもちゃのコップの中に飲物があるかのように飲むふりをすること）が自由に行えるようになる。しかし，個々のイメージが概念に基づいて整理されてはいない。同じ犬でも，異なる種類と捉えたり，犬もネコも一緒とみなすなど，カテゴリー関係が明確ではなく，上位概念と下位概念という認識も十分でない。また，「いま」という時点に縛られ，時間変化を伴う順序や道順等も理解することが難しい。そのため，概念化されていない段階の思考と言われる。この時期は，他者の，もしくは客観的な視点から事物を認識できないという自己中心性が強く見られる。

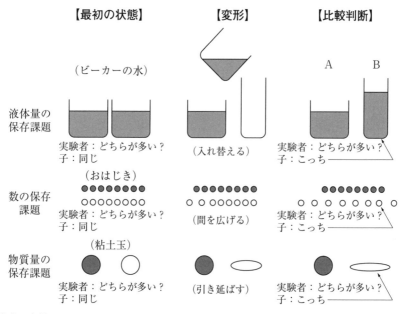

出典：高橋，1990，p.189

図6-1　ピアジェの保存課題

直観的思考段階になると，脱中心化が始まり，概念に基づく関連づけや関係性の把握が可能となるが，自己中心性から抜け切れておらず，論理性に乏しい点が見られる。外見や知覚的な特徴の影響を受けやすく，集合や量の保存関係を理解していない。この特徴をよく示すのが，保存課題への反応の仕方である（図6-1参照）。同じ大きさのビーカー2つに同じ量だけ液体が入っているのを子どもに確認してもらい，眼前で，そのうちの1つを元のビーカーより細く背の高い入れ物に入れかえる。どちらが多いかと子どもに尋ねると，入れかえたほうの液体が上昇するのにとらわれ，入れかえたほうが多いと答える。並んでいるおはじきの間を広げたり，丸い粘土を細長くすると，広げたり長くしたほうの量が多い，重いと言う。これは異なる方向（容器の幅と高さ等）の変化の相補性や可逆性に関する理解が欠如しているためである。保存課題が理解できるようになるのは，ピアジェの理論では，具体的操作期以降とされる。

（2）想像力の発達—遊びとの関係

　1歳児でも，空のコップを飲むまねをするなど，何かをイメージしている様子が見られ，想像的活動は早期から行われている。表象，象徴機能，言葉の発達に伴い，想像力が発達し，想像的遊び（見立てやふり遊び）が盛んに行われるようになる。ただし，幼児期前半までは，遊びの形態としては，ひとり遊びや並行遊びが中心である（Parten, 1932）。並行遊びとは，一緒に同じ遊びをしている際に，協力し合ったり話し合うといった交流がなく，もののやりとりもほぼない状態で，並行的に行われる遊びのことをいう。この段階では，まだイメージの共有や協同で想像世界を作り上げることはしない。4歳前後から，心の理論（次項参照）や社会的能力の発達に伴い，連合遊び（やりとりや会話はあるが組織化

されていない遊び），協同遊び（目的を共有し役割分担もある組織化された遊び）へと発展し，協同して想像的活動を行うようになる。5歳以降の子どもが行うごっこ遊びでは，話し合ってルールを設定し，イメージと展開される物語をある程度共有しながら，与えられた役割を演じていく。

　内言やメタ認知（第8章参照）が十分機能していない幼児期半ばまでは，身体の動きを伴う，単純な想像的活動の繰り返しが多い。言葉や社会性がさらに発達し，内言やメタ認知が機能し始める幼児期後期になると，他者と一緒に，日常的な経験をイメージし，それらを遊びの中でシミュレーションしたり，新たな行動をその中で創出するようになる。こうした想像的な遊びは，想像力の発達を促すばかりではなく，後の認知や行動にも生かされていく可能性がある（上原，2003）。

(3) 内面への意識と心の理論

　内面への意識や認識の発達過程については，心的用語の習得過程が参考になる。心的用語とは，感覚や感情，認知に関わる言葉のことをいう。「熱い」「痛い」等の感覚語は2歳ごろから表出されるが，感情語（「うれしい」「楽しい」等），認知語（「覚える」「思う」「考える」等）の表出は，3, 4歳以降である（Bartsch & Wellman, 1995; Shatz et al., 1983）。感情語，認知語の使用と理解の関係については，言語間で多少違っている。例えば，英語とは異なり，日本語の感情語は「怖いライオン」「楽しい人」といった表現が可能なため，誰かが「怖い！」「楽しい！」と単独で使用しても，話者の感情を表すというより，眼前の物や人を形容していると子どもは誤解しやすく，感情語としての理解は表出より少し遅い可能性がある（上原，2003）。一方，認知語については，英語では"I remember that……""You know,"等の使用法があるためか，日

本語幼児より英語幼児のほうが早くから話すが，最初のうちは意味を理解せずに使用している可能性が指摘されている（Cherney, 2003; Miscione et al., 1978）。日本語では文脈上正しく自発的に使用されていれば，理解しているとみなしてきた（園田，1999）。このように，言語により多少差はあるが，感情語や認知語を理解して使用するようになるのは，3，4歳以降と考えられている。

　心的用語の理解が進む4歳ごろというのは，心の理解においても発達が著しい。他者の心の状況について推測できることを，「心の理論を持っている」（Premack & Woodruff, 1978）という。心は直接見ることができないため，理論のようなものに基づいて推測するという考え方から，このような言い方をする。子どもが心の理論を持つようになっているか否かを確かめる課題として，誤信念課題がある（Wimmer & Perner, 1983）。誤信念課題の概要は次のとおりである（図6-2参照）。対象児に，二人の人物のうちのひとり（Aさん）が，2つある箱のうちの1つ（例えば青い箱）に何か（例えばお菓子）を入れるところをもうひとりの人

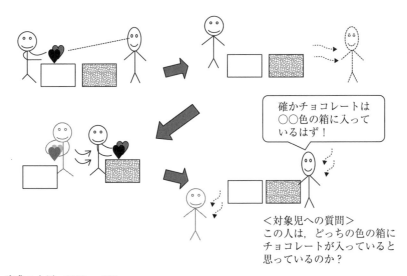

出典：上原，2003, p.125

図6-2　誤信念課題

物（Bさん）が見ていることを，ぬいぐるみや映像などを使って説明する。Bさんが出ていった後で，Aさんがお菓子を別の箱（例えば黄色い箱）に入れかえてしまったことを，同様に説明する。そのうえで，後でBさんが戻ってきたとき，どちらにそのお菓子が入っているとBさんが思っているかを，その対象児に質問し答えてもらう。正しく（この例で言えば「青い箱に入っていると思っている」と）答えられれば，「心の理論」を獲得しているとみなす。この課題は，平均的には4歳以降になると高い割合で正答するため，心の理論の獲得は4歳ごろと言われている。

3. 思い出の形成と振り返りの始まり―自己の認知の内面化

（1） 幼児期初期の記憶―延滞模倣

9，10ヶ月ごろから，飛躍的に記憶保持期間は伸び，記憶保持量も増えるが，幼児期初期までは，言葉を使った記憶テストを行うことができない。そこで用いられるのが，模倣である。モデルとなる人の行動の直後にその場でなされる模倣を即時模倣というが，時間が経ってから，モデルとなる人がいないときになされる模倣を延滞模倣という（Bauer et al., 1994）。延滞模倣は，9，10ヶ月以降の乳児と1，2歳の幼児の記憶調査で利用されることが多い。具体的には，乳幼児に数種類の物を使ってある一定の順序で行う行動系列を繰り返し見せた後で，その物を眼前に並べるか，その行動系列が生じやすい状況にしたときに，乳幼児が延滞模倣を示せば，記憶しているとみなす。例えば，円柱を板にはめ，円柱の上に輪をはめ，はめた輪を棒でたたくといった行動を繰り返し見せた後で，延滞模倣を示すかどうかを見る。延滞模倣は，順序情報も含む記憶を前提とするため，いつ，どこで何をしたかというエピソード記憶の一種とする見方もあるが，1，2歳の幼児が大人と同様のエピソード記

憶を有しているとは言いがたい。大人に導かれながら，手がかりを得て断片的に過去の経験を語ることは可能だが，再認の質問（第3章の注を参照）は通じず，過去を振り返ったり，なつかしんだりという様子が見られないからである。

（2）思い出を振り返る──自伝的記憶の発達

　エピソード記憶とは，いつ，どこで，何をしたかを含む，個人的な出来事に関する記憶のことをいう。「昨日，友達と一緒に映画を見た」や「10年前に修学旅行に行ったときに，そば打ちをした」等はエピソード記憶である。自伝的記憶は，エピソード記憶のうち，後々まで残っていくような，思い出に相当する記憶であるが（上原，2012），思い出には，持続的な習慣のような情報（小さい頃よく〇〇で遊んだ，部活動で頑張っていた等）が含まれることもあるため，広義には「過去の自己に関わる情報の記憶」とも言われる（佐藤，2008）。自伝的記憶は，回顧的な意識を伴って過去について語れることと，時間が経過しても自己は同一の存在であり続けるという自己認識（時間的拡張自己：Neisser, 1988）が前提となるため，こうした意識が乏しい乳幼児期には形成されていないと言える。再認の質問を理解できるようになったり，「覚えている」「忘れた」という言葉を自発的に使えるようになることが，回顧意識の発達と関係していると考えられる。実際，自伝的記憶の発達と想起に関する縦断的調査によれば，5歳ごろや小学校入学前後になって振り返って思い出せる出来事の経験時期は，ほぼ再認の質問を理解し始めた時期（3, 4歳）以降であることが示されている（Uehara, 2015）。

　自伝的記憶の内容の正確性とその発達については，証言の信頼性の点から関心が寄せられている。自伝的記憶が発達し始める3,4歳ごろでも，質問のされ方や状況により，体験したエピソードを正確に語ることは可

能だが (Goodman, 2006)，誘導的な質問や暗示の影響を受けやすく，他の記憶との混同が生じやすいことを示す知見も多い (Uehara, 2000)。

　自伝的記憶は生涯にわたり多様な機能を担っている。自身のアイデンティティの形成や維持，進路決定，精神的健康等に関わるのみならず，他者との関係性の形成や維持にも役立っている。というのも，他者に関するエピソードの記憶に基づき，他者に対する一貫した感情や人物像を形成するからである。事実，自伝的記憶が発達してくる4歳ごろから，一貫して同じ友人を好むようになることが示唆されている (Uehara, 2004)。人生の根幹をなすような記憶が，幼児期半ばごろから機能し始めると言ってよいだろう。

(3) メタ記憶や実行機能の発達

　自伝的記憶が発達し，自分の記憶に対する意識化が進むと，メタ記憶が発達し始める。メタ記憶とは，記憶に関する認知活動や行動に対する客観的な認知や知識のことをいい，モニタリングとコントロールがその中核機能である。モニタリングとは，記憶状態の意識的把握のことをさし，コントロールとは，記憶状態をよくするための行動に関わる機能をさす。コントロール機能の発達は児童期の学習や記憶方略の発達に深く関わるが，5，6歳ごろから，コントロール的な機能は見られる。例えば，明日幼稚園に持っていかなければならないものを忘れないために，弟に思い出させてくれるように頼むのと，明朝自分で思い出せるように自分の部屋のドアノブにそのものを下げておくのでは，後者のほうがよいと判断できるようになる。また，幼稚園に忘れ物をしてきた場合に，その日幼稚園で居た場所を探すのと，幼稚園の全部の場所を探すのとではどちらが効率的かもわかるようになる (Kreutzer et al., 1975)。

　幼児期半ば以降，実行機能も発達する。実行機能とは，不適切な反応

を抑制し，課題にあわせて，行動をコントロールし遂行する認知機能のことをさす。幼児における実行機能の発達を調べる課題の1つに，昼・夜課題がある（Gerstadt et al., 1994；図6-3参照）。白いカードに黄色い太陽が書かれている昼カードが提示されたときには「夜」と答え，黒いカードに白い月が書かれている夜カードが提示されたときには「昼」と答える。なかば自動的になされる行動を意識的に抑制できるかを調べる課題である。実行機能は4歳以降に発達すると言われており（Zelazo & Frye, 1998），自伝的記憶，メタ記憶のモニタリング機能，心の理論の発達時期とも重なる。広範囲にわたる認知機能が幼児期半ばごろに大きく発達変化していくと言えるだろう。

注：左が昼カード，右が夜カード
出典：外山・中島，2013, p.136

図6-3　昼・夜課題

》》注

1）100個の発話サンプルの1発話あたりに含まれる，形態素の平均個数をさす。形態素とは，意味をなす最小単位のことをさす。例えば，「電車乗ったよ」は，「電車／乗っ／た／よ」のように分解でき，4形態素からなる。

引用文献

- Bartsch, K., & Wellman, H. (1995). *Children Talk about the Mind*. New York: Oxford University Press.
- Bauer, P. J., Hertsgaard, L. A., & Dow, G. A. (1994). After 8 months have passed: Long-term recall of events by 1-to-2-year-old children. *Memory*, 2, 353-382.
- de Boysson-Bardies, B. (1996). *Comment La Parole Vient Aux Enfants: De La Naissance Jusqu'à Deux Ans*. Paris: Éditions Odile Jacob. (ド・ボワソン・バルディ, B. 加藤晴久・増茂和男 (訳) (2008). 赤ちゃんはコトバをどのように習得するか：誕生から2歳まで　藤原書店)
- Brown, R. (1973). *A First Language: The Early Stages*. Cambridge, MA: Harvard University Press.
- Cherney, I. D. (2003). Young children's spontaneous utterances of mental terms and the accuracy of their memory behaviors: A different methodological approach. *Infant and Child Development*, 12, 89-105.
- Gerstadt, C. L., Hong, Y. J., & Diamond, A. (1994). The relationship between cognition and action: Performance of children $3\frac{1}{2}$-7 years old on a Stroop-like day-night test. *Cognition*, 53, 129-153.
- Goodman, G. S. (2006). Children's eyewitness memory: A modern history and contemporary commentary. *Journal of Social Issues*, 62, 811-832.
- 今井むつみ (1997). ことばの学習のパラドックス　日本認知科学会 (編)　認知科学モノグラフ5　共立出版
- 小林春美 (1997). 語彙の獲得―ことばの意味をいかに知るのか―　小林春美・佐々木正人 (編著)　子どもたちの言語獲得　大修館書店　Pp.85-110.
- 小林哲生・南泰浩・杉山弘晃 (2012). 語彙爆発の新しい視点：日本語学習児の初期語彙発達に関する縦断データ解析　ベビーサイエンス, 12, 40-64.
- Kreutzer, M. A., Leonard, C., & Flavell, J. H. (1975). An interview study of children's knowledge about memory. *Monographs of the Society for Research in Child Development*, 40, 1-58.
- Miscione, J. L., Marvin, R. S., O'Brien, R. G., & Greenberg, M. T. (1978). A

developmental study of preschool children's understanding of the words "know" and "guess." *Child Development*, 49, 1107-1113.
- Neisser, U. (1988). Five kinds of self-knowledge. *Philosophical Psychology*, 1, 35-39.
- 小椋たみ子 (1999). 語彙獲得の日米比較　桐谷滋 (編著)　ことばの獲得　ミネルヴァ書房　Pp.143-194.
- Parten, M. B. (1932). Social participation among preschool children. *Journal of Abnormal and Social Psychology*, 27, 243-269.
- Piaget, J. (1970). *L'épistémologie Génétique*. Paris：Presses Universitaires de France.（ピアジェ, J. 滝沢武久（訳）(1972). 発生的認識論　白水社）
- Premack, D., & Woodruff, G. (1978). Does the chimpanzee have a theory of mind? *Behavioral and Brain Sciences*, 1, 515-526.
- 佐藤浩一 (2008). 自伝的記憶研究の方法と収束的妥当性　佐藤浩一・越智啓太・下島裕美（編著）　自伝的記憶の心理学　北大路書房　Pp.2-18.
- Shatz, M., Wellman, H.M., & Silber, S. (1983). The acquisition of mental verbs: A systematic investigation of the first reference to mental state. *Cognition*, 14, 301-321.
- 園田菜摘 (1999). 3歳児の欲求，感情，信念理解：個人差の特徴と母子相互作用との関連．発達心理学研究, 10, 177-188.
- 高橋登 (1990). 子どもが学ぶもの　荘厳舜哉・根々山光一（編著）　行動の発達を科学する　福村出版　p.189.
- 外山紀子・中島伸子 (2013). 心をどう理解しているか　外山紀子・中島伸子（著）乳幼児は世界をどう理解しているか：実験で読みとく赤ちゃんと幼児の心　新曜社　Pp.125-156.
- Uehara, I. (2000). Differences in episodic memory between four- and five-year-olds: False information versus real experiences. *Psychological Reports*, 86, 745-755.
- 上原泉 (2003). 発達―記憶，心の理解に重点をおいて―　月本洋・上原泉（著）想像：心と身体の接点　ナカニシヤ出版　Pp.117-182.
- Uehara, I. (2004). Developmental changes in consistency of preferential feeling for peers and objects around age four. *Psychological Reports*, 94, 335-347.

- 上原泉（2006）．幼児の同年齢グループ内でのコミュニケーション：年齢比較．発達研究，20，5-12．
- 上原泉（2012）．子どもにとっての幼少期の思い出　清水由紀・林創（編著）他者とかかわる心の発達心理学―子どもの社会性はどのように育つか―　金子書房　Pp. 183-196.
- Uehara, I. (2015). Developmental changes in memory-related linguistic skills and their relationship to episodic recall in children. *PLoS ONE* 10(9): e0137220.
- Vigotsky, L.S.（1934）．*Мышление и речь*.（ヴィゴツキー，L.S. 柴田義松（訳）(1962)．思考と言語　明治図書）
- 綿巻徹（2001）．発話構造の発達　秦野悦子（編著）ことばの発達入門　大修館書店　Pp.82-113.
- Wimmer, H., & Perner, J. (1983). Beliefs about beliefs: Representation and constraining function of wrong beliefs in young children's understanding of deception. *Cognition*, 13, 103-128.
- Zelazo, P. D., & Frye, D. (1998). Cognitive complexity and control: II. The development of executive function in childhood. *Current Directions in Psychological Science*, 7, 121-126.

参考文献

- 清水由紀・林創（編著）（2012）．他者とかかわる心の発達心理学―子どもの社会性はどのように育つか―　金子書房
- 内田伸子（編著）（2008）．よくわかる乳幼児心理学　ミネルヴァ書房
- 外山紀子・中島伸子（2013）．乳幼児は世界をどう理解しているか：実験で読みとく赤ちゃんと幼児の心　新曜社

7 幼児期の発達：自己と社会性

塘　利枝子

《目標＆ポイント》　幼児期は自己認知が可能になり，自分とは何かを徐々に理解していくが，その捉え方は文化や社会によっても異なる。他者との関係の中で自分を主張したり，抑制したりする社会的スキルを身につけていく時期でもある。幼児期に身に付けた自己制御機能は，その後の発達にも影響を与える。本章では幼児期の自己と社会性の発達のプロセスについて解説する。
《キーワード》　自己認知，自己観，第一反抗期，自尊感情，性同一性，自己制御，社会性

1. 自己の知覚

（1）自他の分化

　生後3ヶ月ごろの乳児が手を不思議そうにじっと見ていることがある。自分の身体に触れ，そこから得た感触によって，子どもは感覚的に，自分の身体は自分のものであると気づいていく。3～4ヶ月ごろには首がすわり，今まで寝返りがうてなかった身体を自分で動かせるようになる。原始反射も消えていき，自分の意志で徐々に身体を使うことができるようになる（第4章参照）。
　ところが自分の身体とは違って，養育者の身体は時として自分の思うようにはならない。乳児自身が来てほしいと思うときに，つねに養育者が自分のそばに来るとは限らない。自分の思うようにならない他者との関係性の中で，子どもは養育者と自分とを区別しない未分化の状態から，

養育者は自分とは違う存在だという自他の分化を次第に習得していく。

　子どもは自分自身の身体の名称をどのように理解していくのだろうか。自分でも見えやすいお腹や足から理解し始めるが（近藤，2011），自分の顔の「目・鼻・口・耳」の4部位のうち3部位の名称をさし示すことができるのは，新版K式発達検査（75％の通過年齢）によると1歳9ヶ月前後である（嶋津・生澤，2010）。そのなかでも鼻が最も早く，口と耳，目の順に指し示すことができるようになる（百合本，1981）。

　乳児期における自分の身体への気づきや身体名称の理解は，幼児期になると遊びや，他者の行動の模倣を通して，自分と他者との身体能力や特徴の類似性及び相違性の意識へとつながっていく。さらに身体だけではなく，自分の考えや感情も他者とは異なることを，他者との関わりの中で学んでいくのである。

（2）自己認知

　自分と他者とは異なる存在だと認識することができれば，今度は自分自身を対象化して見ることができるようになる。乳幼児期における自己認知の成立過程を調べるための課題としてマークテストがある（Amsterdam, 1972; Bertenthal, & Fischer, 1978）。これは，こっそり乳児の鼻の頭に口紅をつけておき，鏡の前に連れて行ったときに，鏡映像を自分だと認識して，口紅をとろうとするかを調べるものである。生後1歳ごろまでの乳児は，鏡に映った自分（鏡映像）を自分自身だと認識しない。もう一人別の人がいるかのように，鏡の裏にまわって誰かいるかを確認したり，鏡をたたいたりする。

　1歳を過ぎると，鏡に映った他者は実物ではないと認識する段階を経て，2歳ごろには鏡映像は自分の映り姿であることを，6割以上の子どもが理解する（Amsterdam, 1972）。このように発達段階により鏡映像

に対する反応は異なるが，発達障害児と定型発達児との間でも異なる。自閉症スペクトラムの子どもたちも，発達年齢が上がると鏡映像を自分だと認識できるようになるが，鏡に映った人物より，鏡に映った部屋のほうをより長く見る傾向があるという。またダウン症の子どもは鏡の中の人をコミュニケーションの相手，もしくはパフォーマンスの見物人として扱う傾向がある（Reddy, 2008）。

　最近ではビデオ機器等を用いることによって，自己像認知の研究に時間的な視点が導入されている。例えば，ゲームをしている幼児の頭にこっそりステッカーを貼り，後でその映像を見せたときに，ステッカーを取ろうとするかどうかを見る。ビデオに映し出された自分の映像に対する自己認知は，遅延提示である。したがって鏡映像のような随伴性ないし同時性の自己認知とは異なり，時間的連続性を持つ存在として自己を認知することが必要なため，ビデオの中の自分を認知できるのは4歳ごろだと言われている（Povinelli et al., 1996）。

　鏡映像が自分自身であるとわかるためには，他者の存在が必要となる。通常チンパンジーは鏡映像を自分だと認識できるが，仲間と隔離されて育てられたチンパンジーは認識できない（Gallup, 1977）。すなわち，自己認知は生まれつき自然とできるものではなく，他者の存在があってこそ，自分自身を認知できると言えよう。それゆえに自己像よりも他者像を子どもはより早く正確に認識するようになる。乳児期における共鳴動作などを経て他者への共感を示すようになり，4歳ごろの心の理論の獲得を通して，他者とは異なる自分という存在を認識する。自己は他者の世界と関わるなかで，常に関係における全体として形づくり直されており，関係の中で次第に意識そのものとして構築されていく（Reddy, 2008）。

(3) 名前や所有の認知

　子どもはいつごろから自分の名前が自分のものだとわかるのだろうか。1歳ごろには自分の名前が意味をもち始め，振り返ったり「ハイ」と返事をしたりするが，他児の名前でも「ハイ」と答えてしまう。しかし1歳5ヶ月ごろになると，自分と他者の名前の区別がつき，自分の名前について特に反応をするようになる。自分の名前を呼ばれると自分を指さす時期を経て，1歳8ヶ月ごろには，養育者や周囲の人が呼ぶ対称詞（例えば「あやちゃん」）を使って，自分のことを愛称や名前で言うようになる（庄司, 1989）。

　その後，子どもが使用する自称詞（自分をさす言葉）は発達段階とともに変化していく。日本の男児は「愛称・名前」と「オレ」「ぼく」を並行して使いながら，相手によって使い分けをしていく。「オレ」は主に仲間に対して使われるが，主張したり，自慢するときには保育者に対しても使われるという。女児は小学生になると「わたし」の使用が増加し始めるものの「愛称・名前」も使い続けることがある。そして男女ともに年下のきょうだいに対しては，自分のことを「お兄ちゃん」「お姉ちゃん」などの親族名称を使用する傾向がある。このように子どもたちは場面や相手によっても使い分けをしているが，自閉症児では「オレ」を用いての自己主張が難しいことが示唆されている（西川, 2003）。自称詞の種類や使い方は，性別や状況，障害の有無等によって異なり，自己と他者との関係性にも影響を与える。

　物の所有の認知に関しては，1歳半ごろから「自分のもの」と言って他者に主張するようになる（Fasig, 2000）。トマセロは，自分の娘を継続的に観察し，1歳5ヶ月ごろから"mommy's pillow"や"daddy's nose"など，所有格を使った発話が見られたと報告している（Tomasello, 1998）。さらに"mine pillow"（原著のママ）や"my book"といった

ように「私の」を使った発話は1歳半過ぎに見られたという。

以上のような所有の認知と，前述の鏡映像の自己認知との発達には必ずしも関連が見られないという指摘もある（Fasig, 2000）。所有の認知には過去から現在まで所有していたという時間的な連続性の要素が入っており，鏡映像における同時性を伴う身体的な自己認知とでは，発達の仕方が異なると推測されている。多様な側面から自己の発達を捉えることが必要であろう。

2. 自己意識の発達

(1) 第一反抗期

自己認知や所有意識が芽生えてくると，次第に自分の意思や欲求を周囲の大人に強くぶつけるようになる。1歳半ごろになると，それまで養育者の言うことを素直に聞いていた子どもが徐々に反抗するようになる。これは第一反抗期と言われるが，身体的にも成熟し，自己認知も発達してくる1歳半ごろ〜3歳ごろには，「自分でする」と言ってどうしても譲らなかったり，養育者に対して「イヤ，イヤ」と激しく自己主張や反抗したりする姿が見られる。

養育者にとってそれまでおとなしかった子どもが反抗する態度は煩わしいものであるが，第一反抗期は子どもの発達にとって2つの意味で重要となる。一つは，自分は養育者とは異なる意志を持っていると確認する作業であり，自己意識の高まりを意味する。もう一つは，今まで大人にやってもらっていたことを自分でやることで，自分の能力を試したいという欲求の表れを意味する。自分の実力以上のことに挑戦することで自分の能力を確認し，そして反発することで，自分も意志を持った人間であると大人に主張しようとするのである。自分の意志を言葉で表現できるようになったり，実際に自分の身の回りのことができるようにな

ってくると,第一反抗期特有の駄々をこねたり,できないことでも「自分でする」と言って,激しく反抗する行動は次第に少なくなってくる。

　子どもは自他を区分することから,他者の意図を理解するようになり,そのうえで,自分の意図とは異なる他者に対して反発をし,自律に向けて発達していく。単に他者に同調したり,一体化したりするだけではなく,泣きや反抗といった他者を受け入れない行動も,幼児の自己意識の発達には重要となる(根ヶ山,2010)。

(2) 自尊感情

　自分の能力以上のことに挑戦するが失敗して,手がつけられないほど泣きわめく子どもがいる。それは,「自分はもっとうまくできるはずだ」という理想の自己と,「うまくできない」という現実の自己に悩む子どもの姿を表している。自分に対するかんしゃくを起こす行動は,高い理想自己を持ち,能力以上のことに挑戦しようとする意欲ある子どもの姿と捉えることができる。

　ところが,他者よりできないと自分でもわかっているところに,さらに周囲からも否定的な評価をされると,子どもは自尊感情(self-esteem)が傷つけられたと感じる。自尊感情とは,自分は価値のある人間だと思える感情であり(James, 1890),自尊感情が高い人は困難なことにあってもねばり強く努力するが,自尊感情の低い人はすぐにあきらめてしまう傾向があるとされる。幼児期の頃から周囲の援助も受けながら最後には自分の力でやり遂げる経験を多く持つことによって,自己を肯定的に捉えられるようになり,自尊感情が上昇する。

　自尊感情が高い子どもは,自分が努力すれば周囲の状況を変えることができるという自己効力感(self-efficacy)を持つようになる。自分の現在の力よりも少し困難な課題をやり遂げる経験を重ねることによっ

て，自分はできるという自己有能感（competence）を獲得することは，さらに意欲的に何かをしようとする動機づけにもつながる（White, 1959）。4歳児は実際の能力よりも自分の力を高く見積もる傾向があるが（Schneider, 1998），このような特徴こそが，できないことが多い幼児期を乗り越えるうえでのエネルギーになっている。幼児期に有能感を経験し，自分を肯定的に捉えることを学習した子どもは，その後，力及ばずできないことがあっても，自分の能力を完全に否定することなく生きていける。

（3）性同一性

性同一性とは，自分自身が男性または女性であることの自己認識である。他者の性別についての知覚は，すでに3ヶ月ごろからできているが（Quinn et all., 2002），自分の性別についての識別（性別知覚・自認）は2, 3歳ごろになる。

コールバーグ（Kohlberg, 1966）が示した性の恒常性の発達に関して，その発達順序を検討したところ，3〜4歳ごろには自分が男なのか，女なのかがわかり（性の同一視），4〜5歳ごろには女は女でありつづけ，お父さんにはなれないこと（性の安定性）がわかる。そしてズボンをはいていても女の子であるというように，表面的な格好や行動で性は変わらないこと（性の一貫性）も5〜7歳ごろには理解するという（Slaby & Frey, 1975）。特に幼児期後半になると，性を基準にした服装，持ち物，色などに強く固執する姿がしばしば見られる。しかし，身体的な性別や周囲が認める性別と性自認が一致しない性別違和（gender dysphoria）[1]がある人の中には，より早くから自分の生物学的な性に対して違和感や疑問を持つことがある（Zucker & Bradley, 1995）。

(4) 文化・社会によって異なる自己観

　自己の発達は，ヒトとしての共通点もあるが，文化・社会による相違点も見られる。日本では，養育者が乳幼児を自分と同じ布団で寝かせる添い寝の習慣があったり，同じ部屋で寝かせたりすることが一般的である。夜中に泣き声をあげると，例えば隣に寝ている母親がすぐあやしてくれる。一方，欧米では乳児であっても一人で別室に寝かせることが多い。このような就寝形態の違いは，子どもの自立に違いをもたらす（根ヶ山，2006）。

　図7-1は西洋と東洋の自己と他者の関係性（文化的自己観，第15章参照）について表したものである（Markus & Kitayama, 1991）。アメリカをはじめとする西洋文化は，自己と他者とは区別され切り離されているという相互独立的自己観が優勢な社会である。一方，日本をはじめとする東洋文化は，自己と他者とが結びついた関係志向的で相互協調的な自己観が優勢な社会である（北山，1997）。相互独立的自己観が優勢な文化・社会では，自分の考えをはっきり言ったり，自分は他者とは違う存在であることを，幼児期から経験する機会が多い。一方，相互協調

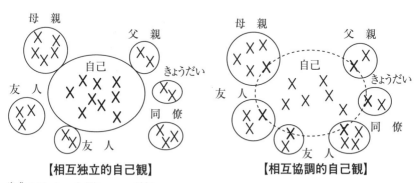

出典：Markus & Kitayama, 1991

図7-1　文化的自己観

的自己観が優勢な文化・社会では，周囲と一緒の行動を求められたり，他人の気持ちになって行動したりすることが期待されている。

　文化的自己観は，養育者が子どもに行うしつけにも反映されている。東（1994）は，言うことを聞かない子どもへの対処の仕方に関する日米比較を行った。例えば，野菜をどうしても食べようとしない子どもに，日本の母親は自他の感情と関連づけながら子どもの気持ちに訴えてしつけをする傾向がある。それに対してアメリカでは，親の権威で子どもをしつけようとする傾向が強い（**表7-1**）。

　幼児教育においても同様の文化差が見出されているが（第15章参照），東アジアの中でも違いが見られる。具体的には，日本の保育者は暗示や比喩，質問文を用いて子どもを叱ったり注意を与える傾向があるのに対して，中国や台湾の保育者は明確に指示したり叱ったりすることが多い（塘，2006）。中国や台湾の保育者と比べると，日本の保育者はできるだけ自他間に明確な線引きをせずに，他者の気持ちを考えたり察したりすることを重視している。

　親や保育者による明示的な注意やしつけは，大人と子どもの境界線をしっかり引き，自他を明確にすることにつながる。一方，日本では暗示的な注意を子どもが察することを期待し，子どもがあまりにも言うことを聞かないと，時には条件をゆるめて子どもとの対決を避けようとする。

表7-1　言うことを聞かせるためにあげる根拠の日米比較

根　拠	日　本	アメリカ
親としての権威	18%	50%
規則	15%	16%
気持ち	22%	7%
結果	37%	23%
その他	8%	4%

出典：東，1994，p.76

こうした大人の関わり方の違いは，子どもが他者の気持ちをどの程度重視するかや，自分と他者をどう位置づけたりするかに影響を与える。すなわち自己観や自他の分化の発達には，他者との関係性に関する文化や社会の価値観も影響を与えていると言えよう。

3. 社会性の発達

(1) 他者の感情や意図の理解

社会性とは，人格の社会的な側面で，社会的適応行動の基礎にある個人の特徴をさす（小嶋・森下，2004）。特に幼児期では，社会性の発達は認知的な発達が基盤となる。心の理論や視点取得（第9章参照）が発達することで，集団内での自分の行動を客観的に捉えたり，他者の感情や意図の理解ができるようになったりする。このような認知発達に加えて，身近な人からの影響も大きい。愛着対象や友だちの考え，感情，行動などを無意識に取り入れ，その人と同じようにしたいと同一視をしたり，行動を模倣したりすることは，個人が属する集団内の社会化を促進させる。

社会化とは，社会性を身につけていく過程のことだが，子どもは自分が生きる社会の価値観や規範を，乳幼児期から学習していく。幼児期から児童期にかけて日常生活や言語，他者との基本的なやりとりを習得するために，家族からしつけが行われる。これを第一次社会化という。しかし，それは単なる受け身の学習ではなく，自発性や積極性を持って個人特有のやり方を発達させていく過程でもある（Zigler & Child, 1969）。

(2) 社会的スキルの獲得

幼児期の子どもの社会的スキルの中で重視されるのが自己制御（self-regulation）である。自己制御を自己主張・実現と自己抑制の側面から

見ると，日本の子どもの場合，その2つの発達過程は異なっている（図7-2）。柏木（1992）によれば，自分の意見や欲求を他者に伝える自己主張・実現機能については，5歳ごろまで急激に伸びるが，その後横ばい状態になる。一方，自己抑制機能は3～7歳まで一貫して伸び続ける。これは，誤りや失敗を避け，自己主張よりも他者との同調や一致を重視する日本の社会文化的風土を背景にしていると推論される。

　周囲の大人から言われて，我慢したりきまりを守ったりすると，それに対して肯定的な評価が与えられる。このようなしつけが子どもに内在化された結果，ほしいおもちゃも時には進んで他児に譲るようになる。自分にとっては不快・苦痛なことでも他者や集団のために我慢したり待ったりする自己抑制は，他者との関係のなかでたびたび求められる。このように子どもは自分の行動をコントロールすることによって，周囲の

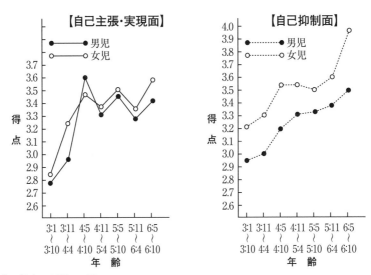

出典：柏木，1992，p.76

図7-2　2つの自己制御機能（自己主張・実現と自己抑制）の発達

人にどう接したらよいかという対人関係のルールを学んでいく。

　幼児期の自己制御の能力は，将来の社会的成果にも影響する。1960～70年代に行われたマシュマロテストの縦断研究において，マシュマロを一定時間食べるのを我慢すれば，ご褒美にもう1個のマシュマロをもらえると言われ，実際に我慢できた子どもは，その後学業でも高い成績を得ることができたという（Mischel et al., 1972）。また我慢できた子どもは，マシュマロを見ないようにするなど，自分なりに工夫していた。自己の衝動や感情をコントロールするために，誘惑を回避する戦略を事前に立てておくことが有効だと言える（Mischel, 2014）。一方で，他者から強い抑圧をかけられ，あまりにも我慢しすぎて自分の要望が言えないことも，子どもの自己主張の発達を抑えてしまう。自己主張と自己抑制のバランスが社会性の発達には重要である。

　子どもがどのような自己制御機能を発達させていくかは，周囲からの発達期待も影響を与える。例えば母親が自己主張・実現面と自己抑制面のどちらを子どもに期待するかによって，子どもの自己制御機能の発達は異なる（柏木, 1992）。母親が素直で従順なことよりも，はっきり自分の意見を述べることを期待していると，子どもは自己主張・実現的な行動を多くとるようになる。反対に素直でいつも大人の言いつけを守ることに重点を置いてしつけをすると，子どもは自己抑制的な行動をより多く示すようになる。

　子どもの自己制御の発達は，年齢が上がるにつれて自然に生じるような性質のものではない。周囲の大人や社会が，子どもにどのような発達や対人関係を期待するかという発達期待や養育者の価値観，そして実際の対応の仕方によって，子どもの自己制御機能の発達は異なってくる。

　幼児期は自分の能力や欲求について徐々に認識できるようになると同時に，理想と現実とのずれにとまどい，時としてかんしゃくを起こした

り，パニックを起こしたりすることもある。このような場合，適度な欲求不満を経験することは，欲求不満に耐える力（欲求不満耐性）の獲得や自己制御の育成につながる。子どもが一人でできることでも，養育者がすぐに手を貸してしまったり，子どものほしがるものを何でも買い与えてしまったりというように，我慢しなくてもよい環境に子どもを置いてしまうと，欲求不満耐性は身につかない。その結果，自分の気に入らないことがあると，すぐに暴力によって解決しようとしたり，逆にちょっとでも辛いことがあると，すぐあきらめたりする子どもになってしまう可能性がある。反対に過剰な欲求不満を子どもに強いることも，長期にわたってストレスが高い状態に置かれることになり，環境を変えようとする努力すらしなくなる学習性無力感を生むことにつながる。個々の子どもの状態や発達によって，「適度な」欲求不満を見極めていくことが重要になろう。

　幼児期において，仲間との間で起こるいざこざやけんかも，社会のルールと自己制御を学ぶ大事な教材となる。したがって子どもが他者と十分関わることができる環境を作ったり，言葉で自分の状態を説明したり制御したりできるような働きかけをすることが求められる。また，大人がすぐに子ども同士のいざこざやけんかを解決するのではなく，子ども自身が考え，自分たちの力で解決策を見つけることができるような，子どもを「見守る」姿勢も重要となるだろう。

》》注

1）アメリカ精神医学会による，精神障害の分類のための標準的な基準（Diagnostic and Statistical Manual of Mental Disorders, DSM）の第5版に基づく（日本精神神経学会監修，2014）。DSMの第4版（DSM-Ⅳ）では性同一性障害という言葉を用いていたが，第5版（DSM-5）では同一性自体ではなく臨床的問題としての不快さに焦点を当てている。

引用文献

- Amsterdam, B. (1972). Mirror self-image reactions before age two. *Developmental Psychobiology*, 5, 297-305.
- 東洋 (1994). 日本人のしつけと教育：発達の日米比較にもとづいて　東京大学出版会
- Bertenthal, B. I., & Fischer, K, W. (1978). Development of self-recognition in the infant, *Developmental Psychobiology*, 14, 44-50.
- Fasig, L. G. (2000). Toddlers' understanding of ownership: Implications for self-concept development. *Social Development*, 9, 370-382.
- 柏木惠子 (1992). 自己認識と自己制御機能の発達　柏木惠子（編）　パーソナリティの発達（新・児童心理学講座10）　金子書房　Pp.47-88.
- 北山忍 (1997). 文化心理学とは何か　柏木惠子・北山忍・東洋（編）　文化心理学：理論と実証　東京大学出版会　Pp.17-43.
- Kohlberg, L. (1966). A cognitive-developmental analysis of children's sex-role concepts and attitudes. In E. E. Macoby (Ed.), *The Dvelopment of Sex Differences*. Stanford : Stanford University Press. Pp.82-173.（マッコビィ, E. E.（編）青木やよひ・池上千寿子・河野貴代美・深尾凱子・山口良枝（訳）(1976). 性差　その起源と役割　家政教育社）
- 小嶋秀夫・森下正康 (2004). 児童心理学への招待（改訂版）：学童期の発達と生活　新心理学ライブラリー3　サイエンス社
- 近藤直子 (2011). 1歳児のこころ：大人との関係の中で育つ自我　ひとなる書房
- Gallup, G. G. Jr. (1977). Self-recognition in primates: A comparative approach to the bidirectional properties of consciousness. *American Psychologist*, 32, 329-338.
- James, W. (1890). *The Principles of Psychology, vol.1*. London : Macmillan.
- Markus, H., & Kitayama, S. (1991). Culture and the self: Implications for cognition, emotion, and motivation. *Psychological Review*, 98, 224-253.
- Mischel, W., Ebbesen, E. B., & Zeiss, A. R. (1972). Cognitive and attentional mechanisms in delay of gratification. *Journal of Personality and Social*

Psychology, 21, 204-218.
- Mischel, W. (2014). *The Marshmallow Test: Mastering Self-control.* New York : Little, Brown and Co.（ミシェル，W. 柴田裕之（訳）(2015). マシュマロ・テスト：成功する子・しない子　早川書房）
- 根ヶ山光一（2006）.〈子別れ〉としての子育て　日本放送出版協会
- 根ヶ山光一（2010）. 乳児の社会的能力　菊池章夫・二宮克美・堀毛一也・斎藤耕二（編著）　社会化の心理学／ハンドブック：人間形成への多様な接近　川島書店　Pp.61-74.
- 日本精神神経学会（監修）(2014). DSM-5精神疾患の診断・統計マニュアル　医学書院
- 西川由紀子（2003）. 子どもの自称詞の使い分け：「オレ」という自称詞に着目して　発達心理学研究，14，25-38.
- Povinelli, D. J., Landau, K. R., & Perilloux, H. K. (1996). Self-recognition in young children using delayed versus live feedback: Evidence of a developmental asynchrony. *Child Development, 67*, 1540-1554.
- Quinn, P. C., Yahr, J., Kuhn, A., Slater, A. M., & Pascalils, O. (2002). Representation of the gender of human faces by infants: A preference for female. *Perception. 31*, 1109-1121.
- Reddy, V. (2008). *How Infants Know Minds.* Cambridge : Harvard University Press.（レディ，V. 佐伯胖（訳）(2015). 驚くべき乳幼児の心の世界：「二人称的アプローチ」から見えてくること　ミネルヴァ書房）
- Schneider, W. (1998). Performance prediction in young children: Effects of skill, metacognition and wishful thinking. *Developmental Science, 1*, 291-297.
- 嶋津峯眞（監修）・生澤雅夫（編集者代表）(2010). 新版K式発達検査法：発達検査の考え方と使い方　ナカニシヤ出版
- Slaby, R. G., & Frey, K. S. (1975). Development of gender constancy and selective attention to same-sex models. *Child development, 46*, 849-856.
- 庄司留美子（1989）. 自己認識の始まり：乳幼児期における鏡像への反応　梶田叡一（編著）　自己意識の発達心理学　金子書房　Pp.230-265.
- 塘　利枝子（2006）. 環境に埋め込まれた保育観と乳幼児の発達　山田千明（編著）多文化に生きる子どもたち　明石書店　Pp.70-100.

- Tomasello, M. (1998). One child's early talk about possession. In J. Newman (Ed.), *The Linguistics of Giving*. Philadelphia: John Benjamins. Pp.349-373.
- 百合本仁子(1981). 1歳児における鏡像の自己認知の発達 教育心理学研究, 29, 261-266.
- White, R.W. (1959). Motivation reconsidered: The concept of competence. *Psychological Review*, 6, 297-333.
- Zigler, E., & Child, I. L. (1969). Socialization. In G. Lindzey & E. Aronson (Eds.), *The Individual in a Social Context*. (*The Handbook of Social Psychology. 2nd. Ed., Vol3.*) Reading : Addison-Wesley, Pp. 450-589.
- Zucker, K. J., & Bradley, S. J. (1995). *Gender Identity Disorder and Psychosexual Problems in Children and Adolescents*. New York : Guilford Press.(ズッカー, K. J., ブラッドレー, S. J. 鈴木國文・古橋忠晃・早川徳香・諏訪真美・西岡和郎(訳) (2010). 性同一性障害:児童期・青年期の問題と理解 みすず書房)

参考文献

- 東洋(1994). 日本人のしつけと教育:発達の日米比較にもとづいて 東京大学出版会
- 柏木惠子(編)(1992). パーソナリティの発達(新・児童心理学講座10)金子書房
- 菊池章夫・二宮克美・堀毛一也・斎藤耕二(編著)(2010). 社会化の心理学/ハンドブック:人間形成への多様な接近 川島書店

8 | 児童期の発達：認知発達と学校教育

上原　泉

《**目標&ポイント**》　幼児期の終わりから文字を読み始めるが，児童期に入ると書き言葉が発達する。児童期半ばになると，論理的な思考力が高まり，それにあわせ学校における学習内容も難しくなる。一方，動機づけのあり方が学習に影響を及ぼす。また，集団教育の中で身につく学びもある。本章では児童期の認知発達と学びについて学習する。
《**キーワード**》　一次的ことば／二次的ことば，ワーキングメモリ，メタ認知，9歳の壁（10歳の壁），領域一般性／領域固有性，動機づけ，学校教育

1. 基礎学力の習得

（1）読み書きと計算

　幼児では，濁音，半濁音，撥音（はつおん）を含む，いわゆる50音表の平仮名はほとんど読めないか，ほとんど読めるかのどちらかである（島村・三神，1994）。文字に関心を持ち，少し読めるようになると短期間のうちに大方読めるようになる。年長児（平均6歳2ヶ月）では，特殊音節（拗音や促音など）を除く71文字のうち平均65.9字読めるとの報告がある（島村・三神，1994）。特殊音節や助詞（「は」「へ」等）の習得には少し時間がかかるものの，小学校入学前に平仮名を読める子どもの割合は高い。

　文字の理解は，2段階を経て発達すると言われる（高橋，2001）。最初が表現規則の理解の段階で，文字は絵と異なっており，言葉の音が記号で表現され，その記号に意味が伴っていることを理解している段階と

いう。次が対応規則の理解の段階で，平仮名1つの文字が1つの音に対応するなど，言葉は慣習的な規則に従い，並べることで何かをさし示せるとの理解に達する段階という。文字の読みは，対応規則の理解が前提となる。おおよそ，表現規則の理解は3，4歳ごろに，対応規則の理解は5，6歳ごろに達すると考えられている。

　読み書きや読解の発達に，音韻意識の発達が関連しているという（天野，1988；大六，1995）。音韻意識とは，言葉の音韻的な側面を意識し，その音を操作できる能力をさす（高橋，2001）。「けしごむ」の最後の音は「む」であるといった認識がこれに含まれ，しりとり遊びも，この音韻意識の発達に伴い可能となる（高橋，1997）。音韻の最少単位は音素だが，言葉の音の区切りは，英語では音節，日本語ではモーラという拍に基づく。「うみ」は音節でもモーラでも単位数は2だが，「きって」は音節では2，モーラでは3となる。ただし，日本語母語幼児の言語音の認識は3，4歳ごろまでは音節に基づいており，モーラ単位に移行するのはその後と言われる（Inagaki et al., 2000）。幼児期終わりから児童期初めごろに特殊音節を読めるようになることが，音節単位からモーラ単位への移行（例えば，「きっ／て」という2単位から「き／っ／て」という3単位へと認識が変わること）に関係すると考えられている（高橋，2001）。

　読み書きの発達に加え，基礎的な計算力の習得が低学年の学習目標とされている。最初のうちは，幼児期に続き，指を使って数えて計算するところから始まる。例えば，3＋6の場合，3本の指を立て6を足して数えあげていく。年齢が上がるほど，最初に大きい数字のほうをもってきて，そこから小さい数字を数えあげるようになる（min方略）。続いて，過去の計算結果に関する記憶を検索する方法や，数を分解して行う方法（例えば，9＋4の場合，4を1と3に分けて［9＋1］＋3にする等。

近年，教育現場で「さくらんぼ計算」と称される手法）も身につけていく（計算方略：Siegler, 1987）。その後，桁数の多い足し算や引き算，かけ算を繰り返し行い，日本ではこれらを低学年のうちに習得することが求められる。

(2) 一次的ことばと二次的ことば

　幼児期半ばごろまでに基本的な言語能力を有するようになり，その後，心の理解，時間認識，自伝的記憶等の認知能力が発達すると，コミュニケーション力が身につき，物語的に出来事を説明できるようになる。しかし，幼児の話す内容は，その場の状況に依存し，親しい人にだけにしか通じない場合が少なくない。親しい人との直接対話の中で伝わるような話し言葉のことを「一次的ことば」という。これに対し，不特定多数の人でもわかるような，話し言葉や書き言葉のことを「二次的ことば」という（岡本，1985）。

　二次的ことばは，書き言葉の発達とともに獲得される。書き言葉は，場所，時間を問わず内容が的確に伝わるように表現する必要があるため，おのずと不特定多数の人に向けた言葉になっているからである。小学校に入学すると，まず，仮名を中心とする文字の読み書きの習得が求められ，続いて，文字列を読解すること，伝えたい内容が他者に伝わるような文が書けるようになることがめざされる。文が書けるようになると，文章体を身につけ，低学年でも作文が書けるように指導を受ける。話すうえでも，発表や話し合いを通して，皆に伝わるような話し方が，低学年のうちにある程度可能になることが期待されている。

　なお，二次的ことばを獲得しても，一次的ことばの使用は続く。二次的ことばの獲得により，場に応じた言葉の使い分けができるようになっていくと言えるだろう。

(3) 具体的操作期

　ピアジェの発達理論でいうと，7，8歳から11歳ごろは具体的操作期とされる。前操作期では難しかった量や数の保存についての理解，いわゆる，保存課題ができるようになる（第6章参照）。まず，数や長さの保存課題が可能になり，算数の学習が進むにつれ，物質量や面積，体積に関する保存課題が可能となっていく。外見等の知覚上の変化に惑わされることなく，論理的な操作や思考ができるようになる。また，ボールを小さい順に並べるなど，ある次元での順番や推移律（AさんはBさんより背が高く，BさんはCさんより背が高ければ，AさんはCさんより背が高い等），上位概念と下位概念の包含関係の理解も可能になってくる（子安，2003）。

　前操作期と比べると，脱中心化が進み，自分とは異なる視点からの物の見え方や他者の心を，より正確に推測できるようになる（第9章参照）。具体的操作期は7，8歳ごろが第一段階，9，10歳ごろが第二段階と区別されているが，第二段階の時期になると，一次的信念の理解（誤信念課題の理解：第6章参照）のみならず，「『Aさんが〇〇だと思っている』とBさんが思っている」といった入れ子構造的な心の推測，すなわち，二次的信念の理解が可能になる（Perner & Wimmer, 1985）。二次的信念の理解は，「（難しいクイズの答えが書いてある）このカードの裏を見ちゃだめだよ」と言われて一人にされ見てしまった場合に，その

出典：外山・中島，2013, p.150　図版作成：福林春乃

図8-1　二次的信念と嘘

ことがばれないように一貫して嘘をつける（「カードの裏を見ていない」と嘘をつき，さらにクイズの答えを求められても「わからない」と言う）能力との関連が指摘されている（Talwar, et al., 2007）。例えば，「この箱の中を見た？」という質問には，「見てない」と一次的信念の理解のみでも嘘をつける。しかし，「おもちゃは何だった？」といった箱の中身に関する質問をされると，二次的信念の理解が進んでいない子どもは見てしまったものをつい答えてしまう。二次的信念の理解が進んでいる子どもは，「知らない」と答えられる（図8-1参照：外山・中島，2013）。

　ただし，頭の中で思考できるのは，まだ具体的に操作しやすく，イメージしやすい場合に限られる。複雑な構成になっている空間配置を想像することは難しく，反応の求め方によっても正答率が大きく変わる。それがよく現れる課題の一つが，ピアジェらが考案した三つ山問題である（Piaget & Inhelder, 1948/1956）。三つ山問題とは，例えば，形状の異なる大，中，小の別の色がついた山のミニチュアが，四角形のシート上に並べられ，4方向から見た場合にどのように見えるかを判断するといった課題である（図8-2参照）。田中（1968）の調査結果を見ると，4

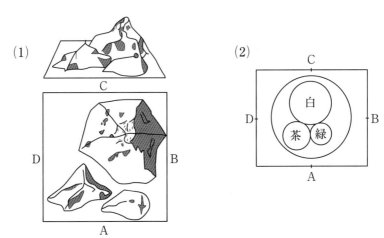

出典(1)：前田，1991，p.74；Piaget & Inhelder, 1948/1956, p.211
出典(2)：前田，1991，p.75；田中，1968，p.89一部改変

図8-2　三つ山問題

方向からの見えを選択肢から選んでもらう際に，選択肢の中に左右反転の誤答カードを混ぜる，あるいは，子ども自身に見えを構成してもらうと，具体的操作期の児童では難しく，安定して正答率が高くなるのは，形式的操作期に入る小学校高学年以降であることがわかる。

2．学習方略と思考の発達

（1）ワーキングメモリとメタ認知の発達

　数十秒以内保持される記憶を短期記憶と称し，数十秒以上（数分，数週間，数十年など）にわたり保持される長期記憶と区別される。言語的な記憶のみならず視空間的な記憶もあるが，ここでは，学習と関連の深い言語的な短期記憶について見ていく。

　短期記憶は，音声で提示される数字を，提示直後にそのとおりの順番で再生する数唱課題（例えば，3，5，7と提示され，直後に3，5，7と答える）等により測定される。新版K式発達検査で75％が通過する年齢で見ると，3歳ごろで3程度，5歳ごろで4程度，7歳半ごろで5程度の容量である。成人では7程度であり，児童期を通じて容量は漸増(ぜんぞう)していく。

　ただし，実生活や学習場面では，単純で丸暗記的な記憶機能より，認知的な処理をしながら短期的に記憶することが求められる場合のほうが多い。認知的な処理を併行して行う短期的な記憶活動のことをワーキングメモリという（Baddeley, 1990）。ワーキングメモリは，逆唱課題やリスニングスパンテスト等により測定される。逆唱課題は，提示された順番とは逆の順番で数字等を答える課題である。リスニングスパンテストとは，複数の文を提示するごとに，その文の内容について正誤判断をしていき，すべての文の提示後に，各文の最初に提示された単語の再生を求められるといった課題である。6歳の子どもにこのリスニングスパンテストを実施した結果，提示する文の間で関連性がない場合は2程度，

関連のある場合は3程度の再生であったという（石王・苧阪，1994）。

　ワーキングメモリは，その場で聞いて理解し学習を進めなければならない授業場面においては，特に有用な認知活動である。ワーキングメモリの容量は，読み書きや算数等の主要科目の成績と正の相関関係にあり（Alloway et al., 2009; Jarrold & Towse, 2006），訓練してワーキングメモリを向上させると学習によい影響をもたらす可能性が報告されている（Dunning & Holmes, 2014）。日本でも，ワーキングメモリ容量の小さい児童の授業への取り組み方と支援を検討する試みがなされている（湯澤ら，2013）。

　一方，自分はどれくらい学習できているのか，学習の仕方は適切か，どこがわかっていないのか，といった自分の知識や認知状況を把握できていることも，学習を進めるうえで重要である。このような自己の認知活動に対する認知や知識のことをメタ認知という。メタ認知能力が高いと，算数の文章課題の成績や読解力が高いとする知見や（Cain, 1999; 岡本，1991），メタ認知の指導により，メタ認知能力と読解方略が向上したとの知見がある（Cross & Paris, 1988）。メタ認知のうち，自分の記憶に関する認知や知識のことをメタ記憶といい，記憶方略に深く関係する。リハーサル（記憶すべき内容を繰り返し言う，もしくは思いうかべること）や精緻化（学習項目を分析し関連情報を付加して記憶すること），体制化（複数の学習項目を整理し体系化すること）等の記憶方略は児童期に習得される。

（2）9歳の壁（10歳の壁）

　前述したように，具体的操作期は第一段階と第二段階に区別されているが，第二段階の時期に因果的推論能力や空間操作力が発達すると想定されている（Piaget, 1970）。また，第二段階に相当する小学校中学年の

時期は，二次的ことばが完全に獲得される。そのため，言葉の学習（国語等）では，言葉を別の言葉で言い換えたり比喩で表現できるようになることが，算数では，2つの数値の関係性を分数や比例で把握，表現できるようになることが期待されている（藤村，2005）。

記号と具体的な事物の間の複雑な関係性の理解や，新たに概念化された思考を想定した学習内容になっていくためか，3年生から4年生にかけて，学習遅滞児数（学習内容につまずきを覚え始める児童の数）が急激に増える。この遅滞児数の急激な増加は，「9歳の壁」もしくは「10歳の壁」と称される（渡辺，2011）。これは認知発達の変化というより，学習内容の難度を反映している可能性が高いが，学業や社会性において，大きく変化が生じる時期と認識されている。この時期の学習の遅れは，その後の学習困難にもつながるため，特に留意する必要がある。

小学校高学年から中学生にかけての11，12歳～14，15歳ごろは，ピアジェの理論では形式的操作期に相当し，抽象的かつ論理的な思考が発達する。比例概念の成立が形式的操作期の特徴の一つとされ，仮説演繹的思考が可能になり，対象間の関係についても扱えるようになる。具体的操作期でもまだ難しかった三つ山問題に対し，反応方法に左右されず，高い正答率を示すようになる。

(3) 領域一般性と領域固有性

ピアジェの発達理論で想定されるような，思考は内容や課題に関わらず，領域横断的に発達するという領域一般性を支持する見解に対し（Piaget & Inhelder, 1966），その後，領域固有の知識の存在が指摘され，その発達度合が領域間で異なるとする領域固有性を支持する見解が台頭した（Siegler, 1981）。藤村（1993）は，比例概念を例にとり，課題差（調整させるのか内包量を比較させるのかによる反応差）があることを示し，

単純に，発達が年齢もしくは段階を経て進むとは言いきれない側面があると述べている。

学習課題によっては固有の知識や技能を身につける必要があるが，一方で，汎用性が高く，より領域一般的な知識や技能の習得も求められている。領域一般的な知識や技能の習得に関係する能力として，近年，ワーキングメモリやメタ認知が注目されている（湯澤，2014）。これらの認知能力をどう活用して汎用性の高い知識の獲得に結びつけるかが解明され，有効な学習支援につながっていくことが期待される。

3. 動機づけと学校教育

(1) 学習意欲

学習量や方略によってのみ学習は進むわけではなく，学習への意欲によっても左右される。どうすれば学習への意欲は高まるのだろうか。

子どもはもともと，一定の知識欲や学びたいという欲求を有している。その証拠に，多くの子どもが，文字や数字に関心を示し，報酬がなくても，読めるようになっていく。とはいえ，学科学習に対し，意欲がつねに高く維持されているケースはそう多くはない。何らかの報酬を与える方法も時として有効である。だが，報酬を得ること自体が目標になってしまうと，学びの楽しさや興味は失せる。特に，もともと興味や関心を持っている内容の学習時に報酬を与えると，本来持っている興味が低減してしまう（Deci, 1971）。外的な報酬を目的とした学習への意欲は，「外発的に動機づけられている」といい，持続的な学習にはあまり適さない。一方，学習や知識を得ること自体が目標や喜びになっている場合を「内発的に動機づけられている」といい，持続的な学習意欲や学習行動につながりやすいとされる。

子どもが学習の際に持つ達成目標は2つに大別される（Elliot &

Harackiewicz, 1996)。一つは，学ぶこと自体，熟達自体を目標とする熟達目標（習熟目標）であり，もう一つは，他の生徒よりも上の成績をとりたい，良い成績を修めたい等，点数や他者との優劣を意識したうえで設定される遂行目標である（遂行目標はさらに，遂行接近目標と遂行回避目標に分けられる）。熟達を目標とする場合のほうが，遂行を目標とするよりも効果的な学習につながるとされる（田中・藤田，2003他）。

　その他，学習への意欲維持には，自己効力感（Bandura, 1977a）や自己統制感（Rotter, 1966）も関係する。第7章で見たように，自己効力感は，期待するような結果をうまく対処して出せるかに関する感覚や自信であり，自己効力感が高いほど学習意欲や学業成績が高い傾向にあるという（Bandura & Schunk, 1981）。自己統制感は，結果に対して自分がどれくらいコントロールしうるかに関わる感覚や信念であり，学業成績などの結果が自己の能力や行動によって生じたと考える傾向が強い場合を内的統制型，そのような結果が運や難易度など，外的要因によって生じたと考える傾向が強い場合を外的統制型と呼ぶ。課題の難度や状況などにもよるだろうが，コントロールしうる自分に原因を見出す内的統制型のほうが，努力や意欲につながりやすいと考えられる。

　また，バンデューラが提唱した自己強化の概念を発展させた，自己調整学習も有効とされる（Bandura, 1977b）。自己強化とは，自らが設定した目標に達したとき，自らのコントロール下で報酬を得て，自分の学習行動を強めるような行動のことをいう。自己調整学習は，自らの学習過程や結果について自分で判断，評価する過程を経て（自己評価が自己強化の役割を果たす），次の学習につなげていくような行動をさす。

　以上を踏まえると，内発的に動機づけられた目標と，学習の成果を感じながら自己調整できるような学習姿勢を持てるようにすることが，児童期の学習に有効だと言えるだろう。

(2) 学校における学習形態

　学校での学習形態は，一斉学習，グループ学習，個別学習に分けられる。一斉学習とは，教師がクラス全体の生徒に対し，同じ内容を説明し，一斉に進める学習形態をいう。グループ学習とは，班やグループ単位で，話し合いや発表をする等の学習形態のことをいい，個別学習とは，生徒が一人で練習問題を解く等の学習形態をいう。文部科学省（2011）の「教育の情報化ビジョン」では，ICT（Information and Communication Technology［情報通信技術］：電子黒板，双方向コミュニケーション，デジタル教材，学習管理システム等）を活用し，一斉学習に加え，個別学習，協働学習を推進することが提言されている。協働学習はグループ学習の一つであり，同じ目標に向って対等な関係で皆が責任を持ち「子どもたち同士が教え合い学び合う協働的な学び」のことをいう（文部科学省，2011）。

　協働学習につながる有効な手法として，ジグソー学習法（Aronson et al., 1978）がある。追究すべき課題をグループ（原グループ）の成員の人数分に分け，一人が1つを担当し，それぞれが専門的にその担当内容を調べ，各グループの同じ担当内容のもの同士がカウンターパート・セッションとして集まり学習し，後で原グループに戻って教え合いながら

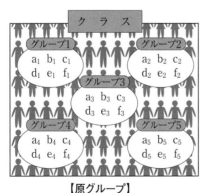
【原グループ】

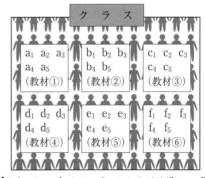
【カウンターパート・セッションにおけるグループ】

出典：鎌原・竹綱，2006, p.138；蘭, 1980, Pp.29-30

図8-3　ジグソー学習法

まとめるという学習法である（図8-3参照）。各自が担当内容に責任を持って学習を進めるため，意欲も学習効果も全体的に高まりやすい。有効な個別学習法としては，個人のペースで進められるプログラム学習法が古くから知られているが（Skinner, 1954），コンピュータによる支援学習法（Computer Assisted Instruction：CAI）へと進展している。

その他，地域の人びととの交流に基づく学習，異年齢集団での学習，生活科を中心に体験型の学習も取り入れられ，他者との相互作用の中での多様な学びがめざされている。

（3）集団で学習することの意義

学校は，他者の言動や集団からの影響を受ける場でもある。幼児期に引き続き，他者の言動を観察してそれを真似て学習する観察学習が生じやすい（Bandura, 1977b）。子どもは，他者の言動を見聞きすることで，自ら体験しなくとも，技能や方略，社会的行動等を習得しうる。別の生徒のある言動が賞賛されれば，その言動への動機づけは高まり，別の生徒のある言動が罰せられれば，その言動の抑制につながることもある（これを代理強化という）。

また，大勢の人に向けた発言の仕方も学校で習得する。ただし，「聴くこと」ができてこそ，授業や話し合いの流れの中で適切な発言ができるようになるという（佐々原, 2013）。他の児童の発言を含め，授業を「聴くこと」の学習効果が示されており（秋田ら, 2003；臼井ら, 2005），他者の意見や説明を聴けるようになることも，集団教育の中で習得されると言ってよいだろう。

学校教育では，話し合いや相互作用が重視されているが（秋田, 2000），児童のみでの効果的な話し合いは難しく，教師の支援により支えられている部分が大きい（藤江, 2000；一柳, 2009）。話し合い経験

を積み重ね，有用な話し合いができるようになると，新たな視点からの見方や考え方，学習内容そのものへの理解が深まる。近年，児童たちの話し合い過程とそれに対する教師の支援の仕方，その持つ意味について多くの実践研究が行われており，その成果に期待が寄せられている。

引用文献

- 秋田喜代美（2000）．子どもをはぐくむ授業づくり—知の創造へ　岩波書店
- 秋田喜代美・市川洋子・鈴木宏明（2003）．授業における話し合い場面の記憶—参加スタイルと記憶—　東京大学大学院教育学研究科紀要, 42, 257-273.
- Alloway, T. P., Gathercole, S. E., Kirkwood, H., & Elliott, J. (2009). The cognitive and behavioral characteristics of children with low working memory. *Child Development*, 80, 606-621.
- 天野清（1988）．音韻分析と子どもの literacy の習得　教育心理学年報, 27, 142-164.
- 蘭千壽（1980）．学級集団の社会心理学—Jigsaw 学習法を中心として—　九州大学教育学部紀要（教育心理学部門), 25, 25-33.
- Aronson, E., Stephan, C., Sikes, J., Blaney, N., & Snapp, M. (1978). *The Jigsaw Classroom*. Beverley Hills, CA：Sage Publications.（アロンソン, E. 他　松山安雄（訳）(1986)．ジグソー学級—生徒と教師の心を開く協同学習法の教え方と学び方　原書房）
- Baddeley, A. D. (1990) *Human Memory: Theory and Practice*. Boston, MA: Allyn and Bacon.
- Bandura, A. (1977a). Self-efficacy：Toward a unifying theory of behavioral change. *Psychological review*, 84, 191-215.
- Bandura, A. (1977b). *Social Learning Theory*. Englewood Cliffs, NJ: Prentice-Hall.（バンデュラ, A. 原野広太郎（監訳）(1979)．社会学習理論—人間理解と教育の基礎　金子書房）
- Bandura, A., & Schunk, D. H. (1981). Cultivating competence self-efficacy, and intrinsic interest through proximal self-motivation. *Journal of Personality and Social Psychology*, 41, 586-598.
- Cain, K. (1999). Ways of reading: How knowledge and use of strategies are

related to reading comprehension. *British Journal of Developmental Psychology*, 17, 293-309.
- Cross, D. R., & Paris, S. G. (1988). Developmental and instructional analyses of children's metacognition and reading comprehension. *Journal of Educational Psychology*, 80, 131-142.
- 大六一志（1995）．モーラに対する意識はかな文字の読み習得の必要条件か？　心理学研究，66, 253-260.
- Deci, E. L. (1971). Effects of externally mediated rewards on intrinsic motivation. *Journal of Personality and Social Psychology*, 18, 105-115.
- Dunning, D. L., & Holmes, J. (2014). Does working memory training promote the use of strategies on untrained working memory tasks? *Memory & Cognition*, 42, 854-862.
- Elliot, A. J., & Harackiewicz, J. M. (1996). Approach and avoidance achievement goals and intrinsic motivation: A mediational analysis. *Journal of Personality and Social Psychology*, 70, 461-475.
- 藤江康彦（2000）．一斉授業の話し合い場面における子どもの両義的な発話の機能―小学5年の社会科授業における教室談話の分析―　教育心理学研究，48, 21-31.
- 藤村宣之（1993）．児童期の比例概念の発達における領域固有性の検討　教育心理学研究，41, 115-124.
- 藤村宣之（2005）．9歳の壁：小学校中学年の発達と教育　子安増夫（編著）　よくわかる認知発達とその支援　ミネルヴァ書房　Pp.134-135.
- 一柳智紀（2009）．物語文読解の授業談話における「聴き合い」の検討：児童の発言と直後再生記述の分析から　発達心理学研究，20, 437-446.
- Inagaki, K., Hatano, G., & Otake, T. (2000). The effect of Kana literacy acquisition on the speech segmentation unit used by Japanese young children. *Journal of Experimental Child Psychology*, 75, 70-91.
- 石王敦子・苧阪満里子（1994）．幼児におけるリスニングスパン測定の試み　教育心理学研究，42, 167-173.
- Jarrold, C., & Towse, J. N. (2006). Individual differences in working memory. *Neuroscience*, 139, 39-50.
- 鎌原雅彦・竹綱誠一郎（2006）．やさしい教育心理学　有斐閣アルマ　p.138.
- 子安増生（2003）．発達過程の理解　子安増生・田中俊也・南風原朝和・伊東裕司（著）教育心理学［新版］　ベーシック現代心理学6　有斐閣　Pp.29-53.

- 前田明（1991）．太陽が笑っている―認知発達 I　児童期の認知発達　高野清純（監修）川島一夫（編）図で読む心理学―発達―　福村出版　Pp.74-75.
- 文部科学省（2011）．教育の情報化ビジョン［概要］http://www.mext.go.jp/b_menu/houdou/23/04/__icsFiles/afieldfile/2011/04/28/1305484_02_1.pdf
- 岡本真彦（1991）．発達的要因としての知能及びメタ認知的知識が算数文章題の解決におよぼす影響　発達心理学研究，2，78-87.
- 岡本真木（1985）．ことばと発達　岩波新書
- Perner, J., & Wimmer, H. (1985). 'John thinks that Mary thinks that ...': Attribution of second-order beliefs by 5- to 10-year-old children. *Journal of Experimental Child Psychology*, 39, 437-471.
- Piaget, J. (1970). *L'épistémologie Génétique*. Paris：Presses Universitaires de France.（ピアジェ，J. 滝沢武久（訳）（1972）．発生的認識論　白水社）
- Piaget, J., & Inhelder, B. (1948). *La Representation de l'Espace chez l'Enfant*. Paris：Presses Universitaires de France.（Translated by F. J. Langdon, & J. L. Lunzer 1956 *The Child's Conception of Space*. London：Routledge & Kegan Paul.)
- Piaget, J., & Inhelder, B. (1966). *La Psychologie de l'Enfant. Collection "Que sais-je"*, No.369. Paris：Presses Universitaires de France.（ピアジェ，J., イネルデ，B. 波多野完治・須賀哲夫・周郷博（訳）（1969）．新しい児童心理学　白水社）
- Rotter, J. B. (1966). Generalized expectations for internal versus external control of reinforcement. *Psychological Monographs : General and Applied*, 80, 1-28.
- 佐々原正樹（2013）．引用を導入した学級における「聴くこと・発言形成」に関わる方略の習得―中学年の授業過程の事例的検討を通して―　日本教育工学会論文誌，36，375-391.
- 島村直己・三神廣子（1994）．幼児のひらがなの習得―国立国語研究所の1967年の調査との比較を通して―　教育心理学研究，42，70-76.
- Siegler, R. S. (1981). Developmental sequences within and between concepts. *Monographs of the Society for Research in Child Development*, Serial No. 189, 46, 1-74.
- Siegler, R. S. (1987). The perils of averaging data over strategies: An example from children's addition. *Journal of Experimental Psychology: General*, 116, 250-264.

- Skinner, B. F. (1954). The science of learning and the art of teaching. *Harvard Educational Review*, 24, 86-97.
- 高橋登（1997）．幼児のことば遊びの発達："しりとり"を可能にする条件の分析　発達心理学研究，8，42-52．
- 高橋登（2001）．文字の知識と音韻意識　秦野悦子（編著）　ことばの発達入門　大修館書店　Pp.196-218．
- 田中芳子（1968）．児童の位置関係の理解．教育心理学研究，16，87-99．
- 田中あゆみ・藤田哲也（2003）．大学生の達成目標と授業評価，学業遂行の関連　日本教育工学雑誌，27，397-403．
- Talwar, V., Gordon, H. M., & Lee, K. (2007). Lying in the elementary school years: Verbal deception and its relation to second-order belief understanding. *Developmental Psychology*, 43, 804-810.
- 外山紀子・中島伸子（2013）．心をどう理解しているか　外山紀子・中島伸子（著）　乳幼児は世界をどう理解しているか：実験で読みとく赤ちゃんと幼児の心　新曜社　Pp.125-156．
- 臼井博・袋佑加理・河内京子・高橋敏憲・氣田幸和（2005）．小学校の国語の授業における児童の発言行動と仲間の発言の記憶：よく発言する子どもは他の子どもの発言もよく覚えているのだろうか？　北海道教育大学紀要（教育科学編），56，157-171．
- 湯澤正通（2014）．領域固有の概念変化を目指した授業デザインから領域普遍的な認知スキルへ―教育に対するワーキングメモリ研究の意義―　教育心理学年報，53，166-179．
- 湯澤正通・渡辺大介・水口啓吾・森田愛子・湯澤美紀（2013）．クラスでワーキングメモリの相対的に小さい児童の授業態度と学習支援　発達心理学研究，24，380-390．
- 渡辺弥生（2011）．子どもの「10歳の壁」とは何か？：乗りこえるための発達心理学　光文社新書

参考文献

- 鎌原雅彦・竹綱誠一郎（2015）．やさしい教育心理学［第4版］　有斐閣アルマ
- 外山紀子・外山美樹（2010）．やさしい発達と学習　有斐閣アルマ

9 | 児童期の発達：自己概念と社会性

塘　利枝子

《目標＆ポイント》　児童期は学校教育からの影響を強く受ける時期であり，仲間との関係も幼児期以上に重要となる。その中で深まる自己概念について取り上げる。また社会性の発達にとって重要な道徳性や向社会的行動は，他律から自律へ，低次から高次へと発達していく。これらは周囲からの影響を大きく受けるとともに，その後の青年期のアイデンティティや社会性の発達の基盤となっていく。
《キーワード》　自己概念，性役割観，仲間関係，視点取得，道徳性，向社会的行動，社会性

1. 自己概念の発達

（1）自己概念の深まり

　幼児期から児童期にかけて，子どもの生活の場はより大きな世界へと移行する。幼児期には，養育者との関係が生活の中心であったが，児童期になると友人関係がより大きな比重を占めるようになる。また地域の人びととの関係に加え，塾や習い事を通して，地域外の大人や友人とも関わるようになる。行動範囲が広がり多様な考えや行動に触れることで，自己についてもより多角的な視点で捉える機会が増える。

　誕生から就学前の6年間で大きな変化が見られたように，児童期においても小学校1～6年生の変化は大きい。認知発達でも前操作期，具体的操作期，形式的操作期といった3つの発達段階が見られ（第2章**表2**

-1),かつ移行していく時期であるため,同年齢であっても個人差は大きい。このような認知発達の変化や個人差は,自己概念の深まりに影響を与える。

　児童期の自己概念は次の3段階に大別される(松田,1983)。①5〜7歳:自己を性別や容姿など外部的な属性において捉え,心理的特性への意識が低い段階,②8〜10歳:外部的な属性のみではなく,感情や態度などの心理的違いにも注目しながら自己について述べ,それを積極的に受け入れようとする段階,③10〜12歳:多面的な自己についての把握が可能になるとともに,他者と自分とを比較することで自己に対して否定的な見方をする一方,他者への同調や同一視が強まる段階である。

　児童期の子どもにとって学校は重要な社会化の場である。各社会の大人が期待する自己概念が,教師や学習教材から意図的・無意図的に提示される。例えば,各社会において大人達が次世代に伝えたいと願う内容が多く含まれている小学校教科書には,子どもに期待される自己のあり方が反映されている。

　東アジア(日本・韓国・中国・台湾)と欧州(イギリス・ドイツ・フランス)の小学校国語教科書(いずれも2000年刊行)に登場する主人公が,困難な状況や対立する他者にどう対処するかを比較分析したところ,

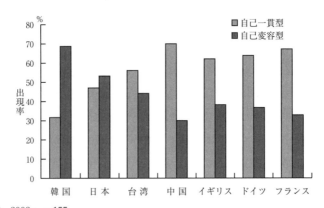

出典:塘,2008a,p.155

図9-1　東アジアと欧州の教科書に見る「自己一貫型・自己変容型」比較

日本と韓国では相手の意見や周囲の状況に合わせる「自己変容型」が多く描かれていた。一方，欧州3ヶ国と中国，台湾では他者の意見や状況を変えて，自分のやり方を最後まで通す「自己一貫型」が多く描かれていた（図9-1）。

　さらに，期待される自己概念は時代によっても異なる。日本に特徴的な「自己変容型」に関して，主人公の行動を質的に分析したところ，「相手と対立をした際に，対立する相手を無邪気に信じて，相手が考え方を変えてくれるのを待つ」行動を高く評価する傾向が，2000年以降の日本の教科書には見られた。しかしこのような行動は，1960年や1980年の教科書には描かれていない。どのような自己と他者との関係が望ましいかは，それぞれの時代の社会を取り巻く状況によっても変化する（塘，2011）。

（2）性役割

　児童期になると，それぞれの性別に添って社会的に期待されている性役割（ジェンダー役割）を意識し，積極的に取り込もうとする。服装や髪型などの外観特性や，遊び，玩具などの興味や好みだけではなく，活動や能力の側面，行動傾向，性格，価値観などの点で男女の違いが大きくなる。性役割形成に関しては，養育者や同輩集団の言動に加えて，教師の対応や教科書などが強力な社会化のエージェント（担い手）となる。

　最近では日本の家庭科の教科書に，女児だけではなく男児も料理や裁縫をする姿が描かれている。その一方で，国語の教科書への性役割是正に対する配慮は，欧米，中国や台湾などと比べると，2015年の段階でも少ない。例えば，日本の国語教科書には，父親が料理や育児をする姿はほとんど描かれていない。一方，中国や台湾の国語教科書には父親が掃除をしたり，母親がパソコンで仕事をしたりする姿が，すでに1997年の

段階で見られる(図9-2)。またドイツの教科書には,父子家庭で父親が息子のために料理をする姿が描かれていたり,女性が機械の修理を行いながら「女性にもできる」と子どもたちに誇らしげに言ったりする母親の姿が描かれていた(塘,2008b)。

テレビ,新聞,雑誌などのメディアが描き出す男性像,女性像も,子どもの性役割観に影響を与える(Tuchman et al., 1978)。日本のテレビコマーシャルには,家の中にいる男性や外で働く女性の姿が少ないことが指摘されてきた(斎藤・岩脇,1994)。また家庭で使われる商品や化粧品,医薬品など身体関係の広告には女性が,産業機器の広告には男性が多いというジェンダーに基づいた使い分けがなされている(萩原,2004)。

最近ではインターネット,ウェブやゲームソフトなどを対象とした研究も見られる(Ross, 2012)。日本の児童に人気のゲームソフトが,男児では射撃,冒険物語,歴史のロールプレイング,パズル,戦闘などの内容,女児ではペット育成シミュレーションや着せかえゲームなどの内容といったように分かれており,ゲームソフトの内容やキャラクターも

出典:國民小學『國語課本』第三冊(二上),國立編譯館,1997, p.61

図9-2　台湾の国語教科書

子どもたちの性役割形成に大きな影響をもたらすと考えられる（野口，2008）。

　性役割観の習得メカニズムに関する諸理論は，次の3つにまとめられる（鈴木，2010）。第一に，ミッシェル（Mischel, 1970）や，バンデューラら（Bussey & Bandura, 1999）によって提唱された社会的学習理論である。性役割は，モデリング，強化，賞罰によって子どもが男女それぞれに適切な行動を取り入れて発達するとした。第二に，ピアジェの発達理論に基づいてコールバーグ（Kohlberg, 1966）が発展させた認知発達理論である。性役割は，ジェンダー・アイデンティティと生まれ育った文化との相互作用によって段階的に発達すると主張した。第三に，社会的学習理論と認知発達理論を組み合わせたジェンダー・スキーマ理論がある。ベム（Bem, 1981）によって代表され，性役割は，ジェンダーに関連する情報に注意を向け，選択し，記憶し，構造化するための情報処理の認知的枠組み（スキーマ）を通して形成されるとした。

　能力の高い女性が達成課題を前にして不安や遂行低下を示す傾向は，成功回避と言われる（Horner, 1974）。例えば，社会によっては，職業上の高い達成は男性にふさわしい目標とされる。その場合，女性が男性をしのぐ達成を遂げることは，社会規範と拮抗することになる。このような社会では，たとえ学校のフォーマルなカリキュラムの中で男女は同列だと教えられても，教師や友人が意図せずに示す知識や行動様式といった「隠れたカリキュラム」（Jackson, 1968）が，女性に男性以上の成功を求めないという価値観を形成させてしまうことがある。

　一方，ヒトの進化の歴史の中で認知能力や行動傾向の性差が形成され，現代人であっても生まれつき男女差が認められるという議論もある。例えば『話を聞かない男，地図が読めない女』（Pease & Pease, 2001）はアメリカでも日本でもベストセラーになった。しかしこのような性差が

見られる一方で，個人差や環境差も大きい。例えば，教科学習における選好や成功回避，そして育児についての適性は，個人の能力や教育，個人が属する文化・社会の価値観にも影響される。毎年発表される世界経済フォーラムによる「男女格差報告」でも，日本は先進国の中で男女平等が最低水準となっている（内閣府，2015）。男女の分化が拡大化する児童期において，生得的な性差とともに，教育・社会環境が生み出す性差についても考慮しながら，子どもの性役割観を育てていくことが重要であろう。

2．仲間関係

(1) ギャング集団

　児童期は幼児期に比べて，より仲間関係を重視するようになる。特にギャング集団と言われる，児童期中期から後期にかけての遊びを中心とした凝集性の高い仲間集団は，子どもの社会化にとって重要であると言われてきた。ギャング集団の特徴として，①5～8人程度の同性の集団で特に男児に見られる，②役割分担やリーダー，フォロアーの構造が明確である，③成員だけに通用する約束やルールが存在する，④仲間以外の集団に対して閉鎖性，排他性，攻撃性を示す，⑤大人の目や干渉から逃れようとして秘密の場所を作りやすい，ことがあげられる。集団内の地位や役割の遂行を通して，社会的知識や技能を獲得できるという意味で，かつては児童期の社会性を培う重要な場であった（Hadfield, 1962）。

　しかし最近では，特に小学校高学年になると，塾や習い事で忙しい子どもが増えている。また異年齢の仲間集団を作り出す近隣の人びととのつきあいが希薄になったり，地域内での遊び場が減少したりしている。その結果，自然発生的にギャング集団が形成されることは少なくなった。その一方で，ソーシャル・メディアを介した仲間関係が広がりつつある。

近年では，小学生の頃から友人とのコミュニケーションツールとしてSNSを使用する姿も見られる。小学校高学年になると行動範囲もより広くなり，大人の目が行き届かなくなる。このようななかで，以前は青年期で問題視されていたSNSによる陰湿ないじめが児童期でも行われたり，犯罪事件に巻き込まれたりすることも出てきており，注意が必要である（第14章参照）。

（2）学級集団

子どもの学習や生活の中心となる学級集団は，児童期の仲間関係のなかでも重要な位置を占める。教師と子どもの縦の関係とは異なり，学級内の同年齢集団の仲間とは対等で，時には競争原理が働く横の関係である。仲間をモデルとしながらも競争や協働のあり方を通して，自己制御や他者との調整の仕方を子どもは学んでいく。

児童期の友人関係は3段階に分けられる（松井，1982）。第1段階（低学年）では，幼児期と同様に自己中心性が強く，相手の立場がわからないため，けんかになることが多い。友人選択は家が近い，席が隣り合っているといった近接性の要因が大きい。第2段階（中学年）では，友人と協力して活動できることで，親密な友人関係が形成される。自己主張する機会が増えるため，活動の妨害や名誉を毀損されたことが原因となってけんかが生じやすくなる。男女の差も出てくる頃であり，女子は男子に比べて，友人に自分のことを多く話すようになる。第3段階（高学年）に入ると，認知能力が高まり，友人関係においても人格や共感できることが重視される。

学級集団は，子どもたちにとって集団内での役割を学習する重要な場ともなる。家族を中心とした場で行われる第一次社会化とは異なり，このような教師や友人等によって行われる社会化を第二次社会化と言う。

第二次社会化は児童期後期から成人期にかけて行われ，学校，職場，同世代，メディアなどから影響を受け，自分が生活する社会内で期待される役割を習得していく。

(3) 視点取得能力

　視点取得能力とは，他者の視点を通して，自他の相互作用を理解する能力と定義される（Flavell, 1968）。他者の視点に立つことによって異なる見方ができ，自己を相対化することから，道徳的判断や向社会的行動の発達にも影響を与える。セルマン（Selman, 1976; 1980）によれば，幼児期の子どもは自分が見たり考えたりしたものと同じような物の見方を相手もしていると捉えるが，児童期にかけて徐々に，相手にも自分とは異なる視点があることに気づくようになる。ただし8歳ごろまではその見方はまだ表面的であり，相手が泣いていると悲しい，笑っているとうれしいといった捉え方をする。9歳ごろになると，単に二者間での相手の立場だけではなく，複数の登場人物の立場からものごとを捉え，物語を構成できるようになると言われている（Feffer & Gourevitch, 1960）。

　日本の学級は，特別な理由がない限り同年齢で構成されている。同輩集団の中で自己制御や対人関係を学ぶことも大事ではあるが，小学校の中に異年齢集団を作ることで子ども同士の縦の関係ができ，複眼的な立場からものを見る機会を提供する。また地域の大人や大学生といった，親や教師以外の大人との「斜めの関係」を入れていくことも，児童期の視点取得能力の発達を促進させるであろう。

3. 社会性の発達

(1) 道徳性

　道徳性とは，人の行為の善悪や公正さを判断する際に使われる基準の

ことであり，道徳的でない行動をすると罪悪感や恥ずかしさを持つ。ピアジェ（Piaget, 1932）は，認知発達的な観点から道徳性の発達を捉え，子どもの自己中心性が道徳的判断にも重要な意味を持つとした。何か悪いことが起こった場合，9～10歳ごろまでは物事の結果に目を向ける結果論的判断をするのに対し，10歳以降では，どうしてそのような結果に至ったかという動機に目を向ける動機論的判断をする傾向があるという。

また規則（ルール）は，一方的に大人から派生し，永続的で変更できないと考える他律的道徳性から，周囲の人の同意があれば修正できると考える自律的道徳性へと発達していく（Piaget, 1932）。すなわちルールの可変性の理解が進むことによって，状況に応じて話し合うなどして，臨機応変にルールを変えることができるようになる。

ピアジェの認知発達理論を発展させ，より年長の子ども（10～16歳）を対象に研究を行い，道徳性の発達段階説を提唱したのがコールバーグ（Kohlberg, 1969）である。生命と法律のどちらが重要かという「ハインツの道徳的ジレンマ」の例題を子どもたちに提示して，その回答から表9-1のような道徳的判断の発達を示した。幼児期では第Ⅰ～Ⅱ段階（水準1）であった子どもが，児童期になると第Ⅲ～Ⅳ段階（水準2）に到達する。年齢が上がるにつれ，杓子定規ではなく，より普遍的な倫理的原理に基づいた柔軟な判断ができるようになるという（水準3）。

コールバーグの道徳性の発達を促す要因として2点あげておこう。第一に視点取得の機会を提供する社会的経験である。水準2「慣習の水準」では，客観的な視点とまではいかなくとも，他者の視点から自分の思考や行動について考える視点取得能力の発達が，一定程度必要とされる（Selman, 1971）。視点取得の際に体験する認知的葛藤（例えば，集団で話し合い，自分の不十分な点について考えること）が，道徳性の発達を促進させる（Munsey, 1980）。

第二に，自分が到達している段階より高次の段階に触れる経験である。ただし，さまざまな価値観が存在するグローバル社会では，「普遍的な倫理」も一様ではない。特に水準3「脱慣習の水準」に関する道徳的判断の材料を提供する際には，倫理の原理の普遍性自体をも問題にしなが

表9-1　コールバーグが提唱した道徳的判断の3水準・6段階

段階	解説と，例話で「薬を盗んだのは正しい／間違っている」とする理由
	《水準1　前慣習の水準》
I	**服従と罰への志向**：罰せられることは悪く，罰せられないことは正しいとする。 「盗みは罰せられることだから，盗んだことは悪い。」
II	**手段的欲求充足論**：何かを手に入れる目的や，互恵性（相手に何かしてお返しを受ける）のために，規則や法に従う。 「かれが法律に従っても，得るものは何もないし，また，薬屋に何かの恩恵を受けたこともないから，盗んでもよい。」
	《水準2　慣習の水準》
III	**「よい子」の道徳**：他者（家族や親友）を喜ばすようなことはよいことであり，行為の底にある意図に目を向け始める。 「盗みは薬屋はもちろんのこと，家族や友人を喜ばすものではない。しかし，いのちを助けるために盗んだのだから，正しいと思う。」
IV	**「法と秩序」志向**：正しいか間違っているかは，家族や友人によってではなく，社会によって決められる。法は社会的秩序を維持するために定められたものであるから，特別の場合を除いて従わなければならない。 「法を破った点では，かれは悪い。しかし，妻が死ぬかもしれないという特別の状況にあったのだから，完全に悪いとはいい切れない。」
	《水準3　脱慣習の水準》
V	**「社会契約」志向**：法は擁護されるべきであるが，合意によって変更可能である。法の定めがあっても，それより重要なもの（人間の生命や自由の権利など）が優先される。 「生命を救うために，かれが薬を盗んだのは正しい行為である。」
VI	**普遍的な倫理の原理**：生命の崇高さと個人の尊重に基づいた，自分自身の原理を発展させている。大部分の法律はこの原理と一致しているが，そうでない場合には，原理に従うべきである。 「生命の崇高という普遍的な倫理の原理は，どのような法律よりも重要であるから，かれが薬を盗んだのは正しい。」

注：表では，「盗んだのは正しい」，あるいは「間違っている」とする一方の場合の理由づけの例を示している。しかし，逆の判断に伴う理由づけも，それぞれの水準について同様に成り立ちうる。理解しやすくするために用語を変えたところがある。
出典：小嶋，1991, p.147

ら，より高次の段階の道徳性について子どもとともに考えていく必要がある。

　コールバーグの道徳的判断に関して，その後さまざまな検討がなされてきた。第一に，文化・社会によって，次の発達段階に移行する際の年齢が異なることが指摘されている。コールバーグは，道徳的判断の発達段階の順序は普遍的な現象であり，ある段階を飛ばして高次の段階に移ることはないと考えていた（永野，1985）。しかし同時に，次の発達段階に移行する際の年齢は，文化によって異なることも示している（Kohlberg et al., 1984）。例えば，日本では児童期でも第Ⅰ～Ⅱ段階の道徳的判断を示す者は少なく，10歳ですでに第Ⅲ段階に入っており（アメリカの移行年齢は13歳），そこにとどまる期間が長いという（山岸，1985）。この背景の一つとして，日本の子どもは他者から「よい子」だと思われたいという志向が強いからではないかと推測される。

　第二に，コールバーグの道徳的判断の発達理論は，男性の視点から構築されたと言われ，女性の視点からの新たな理論がギリガン（Gilligan, 1982）によって提唱された。ギリガンは，女性の道徳性を「ケアの倫理」，男性の道徳性を「正義の倫理」と位置づけ，コールバーグの「公正」に基づく道徳的判断とは異なる「配慮」の考え方を導き出した。これは道徳的判断の性差とも捉えることができるが，状況や文脈を考慮するか否かの違いとも捉えられる。最も高次の段階とされる「普遍的な倫理の原理」の「普遍性」の中味について再考するとともに，さまざまな視点から道徳性を考える必要性が示唆される。

　第三に，アイゼンバーグ（Eisenberg, 1982）は，コールバーグの理論が「禁止」に方向づけられた側面しか扱っていないと批判し，向社会的行動のようなポジティブな側面に関する研究も必要だと主張した。この点については次項で述べる。

(2) 向社会的行動

　向社会的行動（prosocial behavior）とは，他者を慰める行動，援助行動，分与行動といった，他者に利益となることを意図してなされる自発的な行動と定義される（Eisenberg, 1992）。苦痛を感じている他者に対する共感的反応は，すでに生後10～14ヶ月ごろには見られるが，それが具体的な向社会的反応となって表れるのは1歳ごろからである。ただし，この頃は自他の立場を相対化できないために，自分自身が慰められているような仕方で他者を慰めようとする。例えば泣いている子どもを見て，自分の母親を連れてくるといった行動が見られる（Hoffman, 2000）。

　他者の視点に立った向社会的行動ができるようになるためには，視点取得能力の発達が必要である。その後，児童期ではさらに友人同士助け合おうとする行動が増え，苦痛を感じている他者に対してより積極的に関わるようになる。援助行動や分与行動については，小学校中学年ごろまで増加し，高学年以降減少し，高校生になると再び増加する。このような増減には，援助に関する知識や技能を持っているか，より高次の視点取得能力が獲得されているかなどが関係しているとされる（Eisenberg, 1992）。

　向社会的行動を促進する要因を4点あげておこう。第一に，他者の感情への共感性である。特に，児童期後半から青年期にかけては，認知発達に伴い，目の前に存在しない他者にも共感する能力が増すため，自分が経験していない苦痛にも共感し，向社会的行動を示すことができるようになる（Hoffman, 1984）。第二に，先述した視点取得能力の獲得である（Eisenberg et al., 2006）。第三に，他者の世話をする経験があげられる。ホワイティングら（Whiting & Whiting, 1975）は6つの文化圏の子どもたちに対するフィールドワークを通して，必要に迫られて世話

をする責任を負う経験が多いほど，向社会的行動の動機づけが強くなることを見出している。第四に，養育者が向社会的行動を肯定したり，向社会的行動のモデルになったりすることで，子どもの共感的な態度や向社会的行動は促進される（Eisenberg, 1992）。また周囲の大人だけではなく，特に仲間関係が重視される児童期においては，仲間が提示する向社会的行動の影響も大きい。

　現代の子どもは他者への同情や思いやりは持っていても，実際の行動に結びつかないことが多い。したがって児童期の中で他者の世話をする機会を設けたり，子どもの向社会的行動を積極的に評価したりすることが重要となるだろう。

引用文献

- Bem, S. L. (1981). Gender schema theory: A cognitive account of sex typing. *Psychological Review*, 88, 354-364.
- Bussey, K., & Bandura, A. (1999). Social cognitive theory of gender development and differentiation. *Psychological Review*, 106, 676-713.
- Eisenberg, N. (Ed.) (1982). *The Development of Prosocial Behavior*. New York : Academic Press.
- Eisenberg, N. (1992). *The Caring Child*. Cambridge : Harvard University Press. （アイゼンバーグ，N. 二宮克美・首藤敏元・宗方比佐子（訳）（1995）．思いやりのある子どもたち：向社会的行動の発達心理　北大路書房）
- Eisenberg, N., Fabes, R. A., & Spinrad, T. L. (2006). Prosocial development. In N. Eisenberg, W. Damon, & R. N. Lerner (Eds.), *Handbook of Child Psychology, Vol.3. Social, Emotional, and Personality Development* (6th ed.). New York : Wiley. Pp.646-718.
- Feffer, M., & Gourevitch, V. (1960). Cognitive aspects of role-taking in children. *Journal of Personality*, 28, 383-396.
- Flavell, J. (1968). *The Development of Role-Taking and Communication Skills*

in Children. New York：Wiley.
- Gilligan, C. (1982). *In a Different Voice: Psychological Theory and Women's Development.* Cambridge：Harvard University Press.（ギリガン，C. 岩男寿美子（訳）(1986).　もうひとつの声：男女の道徳観のちがいと女性のアイデンティティ　川島書店）
- Hadfield, J. A. (1962). *Childhood and Adolescence.* Harmondsworth: Penguin Books.
- 萩原滋 (2004). テレビCMに現れる外国イメージの動向　萩原滋・国広陽子（編）テレビと外国イメージ：メディア・ステレオタイピング研究　勁草書房　Pp.147-168.
- Hoffman, M. L. (1984). Interaction of affect and cognition in empathy. In C. E. Izard, J. Kagan, & R. B. Zajonc (Eds.), *Emotions, Cognitions, and Behavior.* Cambridge: Cambridge University Press. Pp.103-131.
- Hoffman, M. L. (2000). *Empathy and Moral Development: Implication for Caring and Justice.* Cambridge：Cambridge University Press.（ホフマン，M. J. 菊池章夫・二宮克美（訳）(2001).　共感と道徳性の発達心理学：思いやりと正義とのかかわりで　川島書店）
- Horner, M. S. (1974). The measurement and behavioral implications of fear of success in women. In J. W. Atkinson, & J. O. Raynor (Eds.), *Motivation and Achievement.* Washington D.C.：Winstons & Sons. Pp.91-117.
- Jackson, P.W. (1968). *Life in Classrooms.* New York: Holt, Rinehart and Winston.
- Kohlberg, L. (1966). A cognitive-developmental analysis of children's sexrole concepts and attitudes. In E. E. Maccoby (Ed.), *The Development of Sex Differences.* Stanford：Stanford University Press. Pp.82-173.（マッコビィ，E. E. 青木やよひ・池上千寿子・河野貴代美・深尾凱子・山口良枝（訳）(1976). 性差　その起源と役割　家政教育社）
- Kohlberg, L. (1969). Stage and sequence：The cognitive-developmental approach to socialization. In D. A. Goslin (Ed.), *Handbook of Socialization Theory and Research.* Chicago：Rand Mcnally. Pp. 347-480.（コールバーグ，L. 永野重史（訳）(1987). 道徳性の形成：認知発達的アプローチ　新曜社）

- Kohlberg, L., Snarey, J., & Reimer, J. (1984). Cultural universality of moral judgement stages: A longitudinal study in Israel. In L. Kohlberg. *The Psychology of Moral Development: The Nature and Validity of Moral Stages (Essays on Moral Development) vol.2.* San Francisco : Harper & Row. Pp.594-620.
- 小嶋秀夫（1991）．児童心理学への招待：学童期の発達と生活　サイエンス社
- 松田煌（1983）．自己意識　三宅和夫・村井潤一・波多野誼余夫・高橋恵子（編）児童心理学ハンドブック　金子書房　Pp.640-664.
- 松井豊（1982）．対人行動の発達　詫摩武俊・飯島婦佐子（編）発達心理学の展開　新曜社　Pp.258-278.
- Mischel, W. (1970). Sex-typing and socialization. In P.H. Mussen (Ed.), *Carmichael's Manual of Child Psychology.* New York : Wiley. Pp.3-72.
- Munsey, B. (Ed.) (1980). *Moral Development, Moral Education, and Kohlberg: Basic Issues in Philosophy, Psychology, Religion, and Education.* Birmingham: Religious Education Press.
- 永野重史（編）（1985）．道徳性の発達と教育：コールバーグ理論の展開　新曜社
- 内閣府（2015）.平成27年版　男女共同参画白書
- 野口李沙（2008）．ゲームにおけるジェンダーステレオタイプについて：メディアとしてゲームが与える社会的影響を中心に　日本ジェンダー研究, 11, 29-41.
- Pease, A., & Pease, B. (2001). *Why Men Don't Listen and Woman Can't Read Maps.* London : Orion Books.（ピーズ，A., ピーズ，B. 藤井留美（訳）（1999）．話を聞かない男，地図が読めない女：男脳・女脳が「謎」を解く　主婦の友社）
- Piaget, J. (1932). *Le Jugement Moral chez L'enfant.* Paris: Presses Universitaires de France.（ピアジェ，J. 大伴茂（訳）（1954）．臨床児童心理学Ⅲ：児童道徳判断の発達　同文書院）
- Ross, K. (Ed.) (2012). *The Handbook of Gender, Sex, and Media.* Malder : Wiley-Blackwell.
- 斎藤悦子・岩脇三良（1994）．テレビコマーシャルにおける性役割：日本とオーストラリアの比較研究　昭和女子大学大学院生活機構研究科紀要, 3, 13-23.
- Selman, R. L. (1971). The relation of role taking to the development of moral judgment in children. *Child Development,* 42, 79-91.

- Selman, R. L. (1976). Social-congnitive understanding : A guide to educational and clinical practice. In T. Lickona (Ed.), *Moral Development and Behavior : Theory, Research, and Social Issues.* New York : Holt. Pp.299-316.
- Selman, R. L. (1980). *The Growth of Interpersonal Understanding : Developmental and Clinical Analyses.* New York : Academic Press.
- 鈴木淳子（2010）．ジェンダーの社会化　菊池章夫・二宮克美・堀毛一也・斎藤耕二（編著）　社会化の心理学／ハンドブック：人間形成への多様な接近　川島書店　Pp.369-382.
- 塘　利枝子（2008a）．教科書に描かれた発達期待と自己　岡田努・榎本博明（編）　パーソナリティ心理学へのアプローチ　自己心理学5　金子書房　Pp.148-166.
- 塘　利枝子（2008b）．社会・経済変動と家族：教科書を通してみた家族の変化　柏木惠子（監修）　発達家族心理学を拓く：家族と社会と個人をつなぐ視座　ナカニシヤ出版　Pp.97-111.
- 塘　利枝子（2011）．東アジアの教科書に描かれた自己表出　榎本博明（編著）　自己心理学の最先端：自己の構造と機能を科学する　あいり出版　Pp.241-254.
- Tuchman, G., Daniels, A. K., & Benét, J. (1978). *Hearth and Home: Images of Women in the Mass Media.* New York : Oxford University Press.
- 山岸明子（1985）．日本における道徳判断の発達　永野重史（編）　道徳性の発達と教育：コールバーグ理論の展開　新曜社　Pp.243-267.
- Whiting, B. B., & Whiting, J. W. M. (1975). *Children of Six Cultures: A Psycho-Cultural Analysis.* Cambridge : Harvard University Press.（ホワイティング, B. B., ホワイティング, J. W. M. 名和敏子（訳）（1978）．六つの文化の子供たち：心理‐文化的分析　誠信書房）

参考文献

- Eisenberg, N. (1992). *The Caring Child.* Cambridge : Harvard University Press.（アイゼンバーグ，N.　二宮克美・首藤敏元・宗方比佐子（訳）（1995）．思いやりのある子どもたち：向社会的行動の発達心理　北大路書房）
- 三宅和夫・村井潤一・波多野誼余夫・高橋惠子（編）（1983）．児童心理学ハンドブック　金子書房

版権：台湾の国語教科書（國民小學『國語課本』第三冊）
國小國語第三冊課本「大掃除」Used by permission of 國家教育研究院 through Japan UNI Agency., Inc. Tokyo

10 | 青年期の発達：アイデンティティの形成

福島　朋子

《目標＆ポイント》　この章では，青年期の心理的な発達について概観する。思春期となり，身体が変化することをきっかけとして，精神的にも人間関係上でも大きな変化が訪れる。その中で，青年は自分に向き合い，自分とは何かを模索しながら，大人への階段を駆け上ろうとしている。その様相を，青年自身の心身の変化を中心に，彼らを取り巻く人間関係や，時代による社会的状況の変化も含めながら考えていく。
《キーワード》　思春期，第二反抗期，アイデンティティ（自我同一性），自立，心理的離乳

1．青年期の始まりと心身の変化

　青年期は，子どもと大人とのはざまに位置する人生の一時期である。始まりについては，思春期（第二次性徴）の開始を青年期の始まりと捉えることが一般的である。しかし，終わりについてはさまざまな見方があり，単純に年齢で区切ることが難しい。青年期の終わりは「大人になる」ということであり，どのような状態を「大人」と考えるかによっても，その時期が異なってくるためである（第11章参照）。最近の定義では，おおむね12歳前後から20代くらいまでとすることが多い（子安，2011）。

　この時期には，①身体の急激な成長，②性的な成熟，③男女差の増大という大きな3つの変化が生じる（佐藤，2014）。

それぞれ順に説明していく。まず，①身体の急激な成長であるが，人生にはこのような身体的成長のピークが2度ある。最初のピークは出生から2歳ごろで，平均約50cmで生まれた乳児が生後1年で約1.5倍，2年間で約1.8倍となる。その後ゆるやかな成長が続き，再び思春期に第二のピークが生じる。図10-1は文部科学省が毎年行っている学校保健統計調査の結果であるが，1996（平成8）年度生まれと1966（昭和41）年度生まれでは多少のずれはあるものの，男子は12歳前後，女子は10歳前後に身長の伸びのピークが現われている（文部科学省，2015）。このような急激な身体的変化を思春期スパートと呼ぶ。なお，図10-1に見られるように，思春期の成長変化がその前の世代よりも低年齢で出現するようになる現象を発達加速現象という。しかし，身長や初潮年齢などは2000年以降横ばい傾向になっており（文部科学省，2015；日野林ら，2013），加速現象は一段落したと見られる。

次に，②性的な成熟についてであるが，生殖機能の発現によって，い

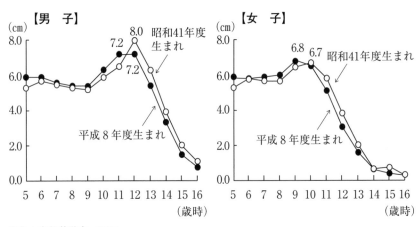

出典：文部科学省，2015

図10-1　1996（平成8）年度生まれと1966（昭和41）年度生まれの者の年間発育量の比較（身長）

わゆる第二次性徴が生じる。その結果として，性別（男女）による違いがはっきりし，③男女差の増大をもたらす。すなわち，男性は声変わりや筋肉量の増加，ひげが生えるなどの変化が起こり，女性は乳腺が発達し，皮下脂肪が増え初潮が始まる。簡単に言えば，それぞれの生殖機能の成熟が進み，男性は男性らしく，女性は女性らしく，それぞれ身体が変化していくのである。

　以上のような変化はすべての青年に共通して起こるものであるが，その時期や進み方には大きな個人差がある。また，第二次性徴は，第三者から見てわかる変化であることも多く，このような変化をどう感じるかが青年の心理状態や健康状態に影響を及ぼすことがある。例えば，中学生を対象とした上長（2007b）の調査によれば，性の成熟による身体の変化を受容できないと，身体に対する不満が高まり，抑うつにつながりやすいという。また，**表10-1**に示すように性的成熟に対しては，男子より女子のほうが否定的に反応している。女子の否定的反応は，自分の身体に対する不適切な意識へとつながり，健康障害や摂食障害に至る可能性も指摘されている（上長，2007a，第14章参照）。このように，急激

表10-1　思春期の身体発育に対する心理的受容度

	女　子			男　子		
	胸の発育	発　毛	初　経	声変わり	発　毛	ひ　げ
とてもいやで，できればそうなってほしくないと思った	3.4	7.2	8.4	1.9	1.4	3.0
いやだったが，しかたないと思った	15.4	30.2	30.8	6.0	13.4	15.6
別に何とも思わなかった	41.7	34.8	24.9	59.2	53.6	56.3
大人になるうえであたりまえだと思った	35.8	27.1	32.8	28.5	28.2	22.9
大人になれて，とてもうれしかった	3.6	0.7	3.2	4.4	3.3	2.2

出典：上長，2015　　　　　　　　　　　　　　　　　　　　　　（%）

な身体の変化を受け止める段階で，戸惑いや恥ずかしさ，嫌悪などを感じ，心理的に不安定になる傾向があるため，この時期をどう過ごすかは，青年のみならず，青年を取りまく人びとにとっても課題となる。

2．心理的離乳と第二反抗期：青年期は疾風怒濤の時期か？

（1）親から離れる

　青年期では身体的変化とそれに伴う心理的変化に加えて，人間関係にも大きな変化が生じる。その一つが親からの精神的な自立である。青年は，親の影響下から距離を置き，他者とは異なる「自分」を模索し確立しようとしていく。

　思春期・青年期に見られる，自立・自律へと向かうこうした動きは，「心理的離乳」（Hollingworth, 1928），「脱衛星化」（Ausubel, 1954），「第2の分離－個体化」（Blos, 1962）などと呼ばれる。一般的には「親離れ」と言うことが多い。いずれの概念も，青年が周囲の大人から心理的に離れ，自立・自律するプロセスを含んでいる。しかし，このような親からの精神的自立はスムーズに進まないことも多く，その過程で葛藤や反抗を経験することもある。このため，青年の葛藤や反抗は，大人になるために必要なプロセスとして考えられてきた。

（2）第二反抗期とその意義

　周囲の大人に対する批判的，反抗的傾向が強いこの時期を，幼児期における第一反抗期と対置させて，第二反抗期と呼んでいる。1歳半〜3歳ごろに生じる第一反抗期は，他者とは違う「私」という感覚の芽生えによると言われる（第7章参照）。これに対し，第二反抗期は「私」を確立するプロセスで生じる現象と考えられている。それまで素直に従ってきた親の価値観や規範が必ずしも絶対的なものではないこと，また親

をはじめとする大人たちも完璧な人間ではなく，いろいろな矛盾を抱えていることに気づき始め，青年の心が大きく揺さぶられるのである。

　反抗の現れ方には個人差が大きいが，青年にとって一番身近な大人である親は，青年である子どもから直接的な批判や攻撃を受けやすい。典型的には，口答えをする，激しいけんかを繰り返す，親を無視し口をきかない，などの行動が頻繁に生じるようになる。あまりに激しい感情が沸き起こってしまい，身体的暴力に発展することもある。親にとっては，それまで従順であった子どもが豹変するため，その心情が理解できずに戸惑う。また，何が起こっているのかを理解するのにも時間がかかり，その対応に苦慮することがしばしばである。

　このような青年の反抗や葛藤がもつ意味を考えてみよう。まずこれらは親のような身近な大人に対して生じるが，同じことをまったくの他人に対して行うことはそれほど多くない。親が対象となるのは，単に身近だということだけではなく，親に対する依存や甘えがその基盤にあることによる。自立・自律と依存は相反する事象と捉えられがちであるが，反抗や葛藤は，人間が他者に依存しながら自立・自律していく存在であることを示す好例である。

　次に，青年の反抗や葛藤は，親子関係や家族関係の進展と変革という点でも，大きな意義をもつと考えられる。第二反抗期を経て，親から心理的に分離した子どもは，それまでとは異なる視点で親を見ることができるようになる。そして，家族以外への人間関係の拡大や，一人暮らし，就職など新たな社会生活の開始もあいまって，必ずしも完全ではない一人の人間として，親を受け止められるようになってくる。こうして，青年期後期以降，新たな相互性を持った親子関係を築くようになるのである（White et al., 1983）。この時期の反抗や葛藤を伴う「親離れ」とは，文字どおり親から離れて関係が切れていくことではなく，新たな親子関

係の模索と構築のための一通過点として捉えることができるのである。

（3）親子関係が変化している？

　これまで述べてきたように，親への反抗や葛藤が，青年の自立・自律を達成するために必要であると従来は考えられてきた。しかし，近年の調査は，親との良好な関係を築きながら自立・自律していく青年が存在することを示している。

　例えば，中学生を対象とした深谷（2005）の調査では，親とうまくいっているとする回答が多く，第二反抗期的な険悪な親子関係ではなく，仲の良い親子関係が見られることが報告されている。また，内閣府の小学生（高学年）・中学生を対象とした調査でも，2006（平成18）年時点の調査より2014（平成26）年のほうが，家族とおしゃべりする時間が増えるとともに，親に対する信頼感も増しており（**図10-2**），親子関係が良好になりつつあることが示されている。

　このような変化は何を反映しているのだろうか。白井（1997）は，青

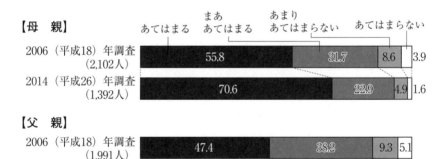

出典：内閣府，2014aより作成

図10-2　「お父さんお母さんは頼りになる」への小・中学生の回答

年の親との反抗や葛藤を，家族システムの適合性という視点から見ることを提唱している。そのうえでこれらを，単なる青年の心理的な問題と見るのではなく，親と子どもの相互作用の結果とみなし，親側の姿勢や対応の変化，さらにそのときの社会的状況の影響を含めて広い視点で考えていく必要があることを指摘している。

(4) 重要な他者の移行：親子関係から友人関係へ

　人間にとって，心の拠り所となり，また何らかの意思決定を行わなければならない局面で依拠しようとする他者のことを「重要な他者」という（Sullivan, 1953）。重要な他者となりうる対象は，成長に伴って変化する。幼い頃の重要な他者はほとんどの場合，親（もしくは特定の養育者）であるが，青年期に入ると親との関係性の見直しが始まり，その過程で友人が重要な役割を果たすようになっていく。

　松井（1990）は，友人関係が青年の社会化に及ぼす機能として，以下の3点をあげている。第一に，友人関係を通して社会的スキルを学習する「社会的スキルの学習機能」，第二に，緊張や不安・孤独などの否定的感情を緩和してくれる「安定化機能」，第三は，自己の行動や自己認知のモデルとなる「モデル機能」である。青年は，友人関係を通して精神的安定を得るとともに，さまざまなことを学んでいく。

　このような青年の友人関係にも，時代とともに変化が見られる。ベネッセ教育総合研究所の行った調査（2009）によると，2004年の調査に比べて，①よく一緒に遊ぶ友人の数，②悩み事を相談できる友人の数，いずれも増えており，特にこの傾向は男子で顕著となっている（**図10-3**）。また，最近の青年の友人関係の特徴として「希薄化」が指摘されることも多いが，岡田（2007）は，いろいろな場面や用途に応じて友人を使い分けている結果として，そのように見えるのではないかと論じて

いる。さらに，ソーシャルメディアの登場が青年の友人関係に影響しているとも言われている。

　国際的に見ると，日本の青年の友人関係に対する満足感・安心感は相対的に低いものとなっている（図10-4）。土井（2008；2009）は，現代の若者の友人関係を，対立の回避を最優先するものとして「優しい関係」と呼んでいる。そして，互いの衝突を避けるために，相手の反応を察知しながら，自分の出方を決めていかなくてはならず，高度で繊細な気配りをせざるを得ないと述べている。また，友だち集団の中で疎外されないよう，話題を合わせたり，与えられたキャラを演じたりする傾向もあることが指摘されている。さらには，友だちグループをランク化し，あたかもカースト制のように，交流するグループ，しないグループを作るスクール・カーストという見方も提示されている（本田，2011；森口，2007）。現代の青年は，友だちの数は多い一方で，所属する集団の中で細かく気を遣（つか）いながら人間関係を維持しているようである。

①日ごろよく話をしたり一緒に遊んだりする友だち

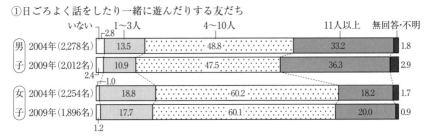

②悩みごとを相談できる友だち

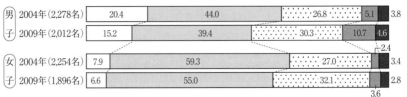

注：「1～3人」は「1人」＋「2～3人」，「4～10人」は「4～6人」＋「7～10人」，「11人以上」は「11～20人」＋「21人以上」。単位％
出典：ベネッセ教育総合研究所，2009

図10-3　中学生の友だちの数の経年比較

3. アイデンティティの模索

（1）エリクソンの心理社会的発達課題

　心理学では，発達のその時期その時期で解決すべき課題があるという考え方をとることがある。この課題のことを発達課題という（第1章参照）。そして，子どもと大人のはざまに位置する青年も，「大人」になるために解決しなければならない課題があると考えられてきた。

　第2章で見たように，エリクソン（Erikson, 1950）は，人生を8つの段階に分け，各年齢段階にその時期特有の危機があり，それをそのつど乗り越えていくことで，自己が生涯にわたって漸成的に形成されていくとした。ここでいう危機とは，生物学的に規定されているだけではなく，社会との関わりの中でもたらされると考えられており，心理社会的危機と呼ばれる。エリクソンは，このような危機を乗り越えることが，その時期に達成すべき発達課題であり，それに成功した状態と失敗した状態という対立図式で表現したのである。

　では，青年期の発達課題はどのようなものなのだろうか。第2章の図2-1では，「アイデンティティ　対　アイデンティティ拡散」と示され

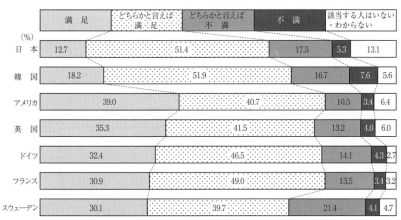

注：いずれの国でも調査対象者は13〜29才の若者である。
出典：内閣府，2014b

図10-4　友人関係の満足度に関する国際比較

ている。エリクソンは，アイデンティティ（自我同一性）を達成するか否かを青年期における心理社会的危機とし，それに失敗した状態をアイデンティティ拡散（同一性拡散。具体的には，自分は何がしたいかわからない，途方にくれるなど）という状態として提示した。

エリクソンによれば，アイデンティティの達成とは，①自己の多面性を含めつつも，自分はこの世にたった一人しかいない存在である，②現実の社会集団に所属して，自他ともに受け入れられている，③現在・過去・未来という時間の中で自分が連続している，という自己の一貫性と時間的連続性の感覚を持っていることだという。そして，この感覚を得るため，青年は「本当の自分とは何か」「自分らしく生きるとはどういうことか」の答えを見つけるべく，模索を始めるという。

さらに，エリクソンは，青年期を特徴づけるものとして「モラトリアム」という概念を提唱した。モラトリアムとは，もともと経済用語で，債務の支払いを一定期間猶予することを意味している。エリクソンはこの用語を転用し，青年期を，社会的な責任・義務から免除された，アイデンティティを確立するための猶予期間として捉えたのである。

（2）アイデンティティを測定する

青年がアイデンティティの達成へと至るプロセスはどのようなものなのだろうか。マーシャ（Marcia, 1966）はこの点を明らかにするため，アイデンティティ地位（自我同一性地位）に関する研究を行った。マーシャは，エリクソンの記述からアイデンティティ達成の基準として，①自分の生き方について悩むなど，実際に危機に直面したかどうかの「危機」，②人生の重要な領域に積極的に関与したかという「積極的関与（コミットメント，もしくは傾倒）」を取り上げ，この2つの有無の組み合わせによって，「アイデンティティ達成」「モラトリアム」「早期完了」「ア

イデンティティ拡散」という4つのアイデンティティ地位を設定し，面接法を用いて明らかにしようとした（**表10-2**）。

　その後，この4つの分類をもとに青年のアイデンティティについて研究が進められ，おおむね年齢が進むにつれてアイデンティティを達成する人が増えること（Marcia, 1966），その経路には個別性・多様性があることが指摘されている。大学卒業時点で達成できている人は4割程度という報告もあり（Waterman et al., 1974），アイデンティティの確立

表10-2　アイデンティティ地位

アイデンティティ地位	危　　機	積極的関与	概　　略
アイデンティティ達成	経験した	している	幼児期からの在り方について確信がなくなりいくつかの可能性について本気で考えた末，自分自身の解決に達して，それに基づいて行動している。
モラトリアム	その最中	しようとしている	いくつかの選択肢について迷っているところで，その不確かさを克服しようと一生懸命努力している。
早期完了	経験していない	している	自分の目標と親の目標の間に不協和がない。どんな体験も，幼児期以来の信念を補強するだけになっている。硬さ（融通のきかなさ）が特徴的。
アイデンティティ拡散	経験していない	していない	危機前：今まで本当に何者かであった経験がないので，何者かである自分を想像することが不可能。
	経験した	していない	危機後：全てのことが可能だし可能なままにしておかれなければならない。

出典：無藤，1979一部改変

は青年期のみの課題ではなくなってきていることが示唆されている。

最近では，エリクソンのアイデンティティの概念を再検討し，測定する尺度も開発され（中間ら，2015；谷，2001），アイデンティティを多次元的で重層的なものとして詳細に捉えようという試みがなされている。

（3）アイデンティティ研究のその後の展開

青年期の発達課題としてアイデンティティの確立を見てきたが，青年期にこの課題が達成されれば，それで危機は終わるのだろうか。

岡本（2007）は，アイデンティティとは，一度確立されればそれで終わるわけではなく，その後の人生を通して何回か危機に直面し，そのたびごとに問い直されなければならないものではないかと論じている（第12章参照）。「自分とは何か」という問いに対する答えは，獲得しては揺らぐ，というプロセスを何度も経験しながら，生涯を通して考え続けるものと捉えることができる。

自分や家族の人生を振り返ってみよう。青年期以降，希望した業種への就職の失敗，会社の倒産やリストラ，病気や離婚，子どもの問題など，事前には予測しえない，自分自身を揺さぶられるような人生の危機がいくつか存在していることだろう。青年期の時点で「私はこういうものだ！」「私にはこれしかない！」というような融通の利かないアイデンティティを確立してしまうと，将来起りうる危機的場面への対応を難しくしてしまう可能性もあるのではないだろうか。エリクソンが社会と個人の相互交渉を基盤としてその理論を展開したことを考え合わせると，作っては直しというプロセスを繰り返し，そのつど危機を乗り越え自分自身の修正を行いながら対応していくほうが，変化のめまぐるしい現代社会においては重要なことであり，適応的と言えるのかもしれない。

引用文献

- Ausubel, D. P. (1954). *Theory and Problems of Adolescent Development.* New York: Grune & Stratton.
- Blos, P. (1962). *On Adolescence: A Psychoanalytic Interpretation.* New York: The Free Press of Glencoe. (ブロス, P. 野沢栄司 (訳) (1971). 青年期の精神医学　誠信書房)
- ベネッセ教育総合研究所 (2009). 第2回子ども生活実態基本調査報告書
- 土井隆義 (2008). 友だち地獄―「空気を読む」世代のサバイバル―　ちくま新書
- 土井隆義 (2009). キャラ化する／される子どもたち―排除型社会における新たな人間像―　岩波ブックレット
- Erikson, E. H. (1950). *Childhood and Society.* New York: Norton. (エリクソン, E. H. 仁科弥生 (訳) (1977, 1980). 幼児期と社会1・2　みすず書房)
- 深谷昌志 (監修) (2005). モノグラフにみる中学生のすがた　モノグラフ・中学生の世界特別号　ベネッセ教育総合研究所
- 日野林俊彦・清水真由子・大西賢治・金澤忠博・赤井誠生・南徹弘 (2013). 発達加速現象に関する研究・その27　日本心理学会第77回大会発表論文集, p.1035.
- Hollingworth, L. S. (1928). *The Psychology of the Adolescent.* New York: Appleton.
- 本田由紀 (2011). 学校の空気 (若者の気分)　岩波書店
- 上長然 (2007a). 思春期の身体発育と摂食障害傾向　発達心理学研究, 18, 206-215.
- 上長然 (2007b). 思春期の身体発育のタイミングと抑うつ傾向　教育心理学研究, 55, 370-381.
- 上長然 (2015). 思春期の身体発育の心理的受容度と身体満足度―青年は身体発育をどのように受け止めているのか―　日本教育心理学会第57回総会発表論文集, p.176.
- 子安増生 (2011). 発達心理学の基礎　子安増生 (編)　新訂発達心理学特論　放送大学教育振興会, Pp.9-27.
- Marcia, J. E. (1966). Development and validation of ego-indentity status. *Journal of Personality and Social Psychology*, 3, 551-558.
- 松井豊 (1990). 友人関係の機能　斉藤耕二・菊池章夫 (編) 社会化の心理学／ハンドブック　川島書店　Pp.283-296.
- 文部科学省 (2015). 平成26年度　学校保健基本調査
- 森口朗 (2007). いじめの構造　新潮新書

- 無藤清子（1979）.「自我同一性地位面接」の検討と大学生の自我同一性　教育心理学研究, 27, 178-187.
- 中間玲子・杉村和美・畑野快・溝上慎一・都筑学（2015）. 多次元アイデンティティ発達尺度（DIDS）によるアイデンティティ発達の検討と類型化の試み　心理学研究, 85, 549-559.
- 内閣府（2014a）. 平成25年度小学生・中学生の意識に関する調査報告書
- 内閣府（2014b）. 平成25年度我が国と諸外国の若者の意識に関する調査報告書
- 岡田努（2007）. 現代青年の心理学　世界思想社
- 岡本祐子（2007）. アイデンティティ生涯発達論の展開　ミネルヴァ書房
- 佐藤有耕（2014）. 青年期への発達心理学的接近　後藤宗理・二宮克美・高木秀明・大野久・白井利明・平石賢二・佐藤有耕・若松養亮（編）　新・青年心理学ハンドブック　Pp.49-61.
- 白井利明（1997）. 青年心理学の観点から見た「第二反抗期」　心理科学, 19, 9-24.
- Sullivan H. S.（1953）. *The Interpersonal Theory of Psychiatry*. NewYork: Norton.（サリヴァン，H. S. 中井久夫・宮崎隆吉・高木敬三・鑪幹八郎（訳）（1990）. 精神医学は対人関係論である　みすず書房）
- 谷冬彦（2001）. 青年期における同一性の感覚の構造―多次元自我同一性尺度（MEIS）の作成　教育心理学研究, 49, 265-273.
- Waterman, A. S., Geary, P. S., & Waterman, C. K.（1974）. A longitudinal study of changes in ego identity status from the freshman to the senior year at college. *Developmantal Psychology*, 10, 387-392.
- White, K. M., Speisman, J. C., & Costos, D.（1983）. Young adults and their parents: Individuation to mutuality. *New Directions for Child and Adolescent Development*, 22, 61-76.

参考文献

- 岡田努（2007）. 現代青年の心理学　世界思想社
- 白井利明（編）（2015）. よくわかる青年心理学［第2版］　ミネルヴァ書房

11 | 成人初期の発達：大人への移行

福島　朋子

《目標＆ポイント》　成人初期は，活動の場が学校から職場に移行し，親元を離れて自活したり，結婚を考え始めたり，実際に結婚して新しい家庭を築くなど，役割や責任，ライフスタイルが大きく変化する。この時期の心理的発達について，最近の心理的問題を含めながら概説する。
《キーワード》　ライフコース，ライフサイクル，キャリア形成，恋愛と結婚，社会的役割

1. 終わらない青年期

　成人期は青年期が終わることで始まる。しかし，青年期の終わりを定めるのは大変難しい。成人となる年齢は国によってさまざまだが，日本では民法で20歳と規定されている（2022年に18歳に引き下げ予定）。成人になると，自らの意思だけで契約ができる，当事者同士の同意だけで婚姻が可能となるなど，さまざまな権利が与えられる。その一方で，契約履行の義務や損害賠償責任など，契約に伴うさまざまな責任を負うことにもなる。このほか，犯罪で検挙されると，一般の刑事手続きの対象となるなど，社会的な処遇は成人前後で大きく変化する。
　日本では1月の第2月曜日が成人の日とされ，この日の周辺で成人式を行う自治体が多い。しかし，成人式に出たり，法的にさまざまな権利や義務を与えられたりするだけで，「大人になった」と実感する青年は，それほど多くないのが実情であろう。

この点について，ライフサイクルの点から考えてみよう。伝統的な見方からすると，青年期の終わりは，学校の卒業と就職，そして結婚というライフイベントによって定義される。図11-1は，女性のライフサイクルの出生年による変化を示したものである。これを見ると，寿命の延びに伴って学校卒業（就職）・結婚の年齢が徐々に遅くなっているのがわかる。20歳で成人というのは，大学進学率がまだそれほど高くはなく，高校卒業と同時に就職し，20歳代半ばで結婚する，というライフコースをとる人が多数であった時代（1970年代頃まで）には，理にかなっていたのかもしれない。しかし，1980年代以降，大学進学率が上昇してくると，20歳ではまだ学生という人が多数となり，さらに最近では，産業構造の変化による知識や技術の専門化・高度化に伴って，教育を受ける期間が長期化している。その結果，就職が20歳代半ば以降にずれ込むことも珍しくなくなった。そして，この変化に対応するかのように，晩婚化

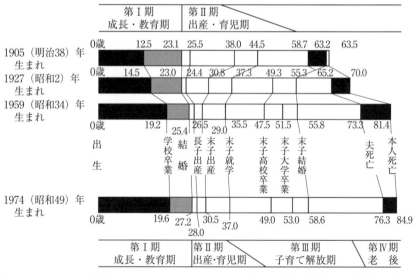

注：このモデルの出生年は，1928，1950，1984，2001年の平均初婚年齢から逆算して設定した。学校卒業時は初婚年齢の人が実際に進学する年の進学率を用いた。他のライフステージは婚姻期における平均値。
出典：井上・江原，2005，p.3

図11-1　女性のライフサイクルのモデル

が進行している。

　このように，法律上は成人になったとしても，現代の青年は社会的にまだ半人前の扱いを受けることも少なくなく，そのために「大人になった」ことを実感しにくい面があると考えられる。このような中途半端な位置づけにある人間をレヴィンは「境界人」と呼んだが，現代の青年は，20歳を超えてもなお，境界人として「大人になる」ことへの歩みを続けなくてはならない存在と言える。

　岡田（2007）が，大学生を対象に青年期の終わりについて尋ねたところ，18歳から35歳まで幅広い回答が得られたという。大人になるのには時間がかかるという認識を，ほかならぬ青年自身が持っていることをうかがわせる結果となっている。

　大人としての自覚という点で年長者は若者に厳しい目を向けがちであるが，これまで述べてきた社会的状況の変化に加え，個別化の進行や価値観の多様化などもあいまって，現代は大人としていったい何が求められているのかを見通すことが難しくなっている。産業構造が比較的単純で，大人の姿を社会的にある程度統一して明示することができた時代とは異なり，今では個人個人が自ら掴みとっていかなくてはならない。その点で「大人とは何か」という問いは，青年のみならず，青年と関わる大人の問題でもある。

2. 職業人になること

（1）社会的役割と自己形成

　私たちは，家庭や会社，学校，サークルなど，さまざまなレベルの集団を作って生活している。それらを維持し，社会の中で一定の働きをしていくためには，例えば，家庭内に配偶者役割や親役割などがあるように，その集団内におけるさまざまな役割を，構成員である個人が遂行し

なくてはならない。第2章で紹介したエリクソンの考えは，心理社会的発達理論と呼ばれるだけに，個人がこのような社会的役割を引き受け，周囲からの期待に応えていく経験をすることを前提にしたものにほかならない。その意味で，人間は，社会的役割を遂行しながら，自分自身を形成し，変化させていく存在だと言える。

(2) キャリア発達という見方

　青年期から成人期へ移行したことを示す指標の一つに就職があげられる。職業は，経済的な自立の基盤となるとともに，エリクソンのいうアイデンティティ（第10章参照）を社会的に体現しようとするものである。スーパーは，職業的観点から自己概念について検討し，自己概念が青年期以前に形成され始め，青年期に明確なものとなり，やがて職業的な用語で置き換えられると述べている（Super, 1963）。そして，職業選択が青年期までの自己概念の発達（自分はどのような人間か，何をやりたいのか等，自分に関する意識）を踏まえて生じること，青年期は職業の探索段階であり，成人期において確立されていくことを指摘している。

　ここで気をつけなければならないのは，アイデンティティにせよ自己概念にせよ，就職が決定すれば，それで変化が止まるわけではなく，職業経験を積み重ねていくことで，さらに発達し続けていくものであるという点である。先述したように，人は社会的な役割を遂行することで自分自身を形成していくが，成人期において主要な社会的役割となるのが職業であり，職業生活が自己形成に果たす役割は大きい。

　このように職業を中心として，「個々の人が生涯にわたって遂行する様々な立場や役割の中で，自己と働くことを関係づけ，意味づけながら，自分の知的・身体的能力や情緒的な特徴，価値観などを一人ひとりの生き方として統合していくプロセス」をキャリア発達と呼び（岡田，

2014),特に青年期・成人期以降の発達を理解する重要な枠組みとなっている。

先にあげたスーパーらによれば（Super et al., 1996），キャリア発達の各段階は，それぞれ「成長→探索→確立→維持→解放」という小さな発達課題の積み重ねからなっており（ミニ・サイクル），これを繰り返しながら，ライフステージとしても「探索→確立→維持→解放」と進行していく（マキシ・サイクル）という（表11-1）。

（3）成人期初期のキャリアをめぐる問題

文部科学省の調査（2015）によると，大学生の約7割が卒業後就職を希望しており，そのうちの約97％が就職している。その一方で，厚生労

表11-1 スーパーらによる発達課題のサイクルとリサイクル（青年期以降）

ライフ・ステージ（マキシ・サイクル）／リサイクル（ミニ・サイクル）	年齢			
	青年期 14～24歳 探索	成人初期 25～44歳 確立	成人中期 45歳～64歳 維持	成人後期 65歳以上 解放
解放	趣味への時間を減らすこと	スポーツへの参加を減らすこと	本質的な活動へ焦点化すること	仕事の時間を減らすこと
維持	現在の職業選択を確かめること	確実な職業地位を築くこと	競争に負けないこと	まだ楽しんでいることを続けること
確立	選択した分野で開始すること	永久的な地位に就くこと	新たなスキルを開発すること	いつもしたいと思っていたことをすること
探索	より多くの機会について一層学ぶこと	望む仕事の機会を得ること	仕事上の新しい問題を見つけること	良い引退場所を見つけること
成長	現実的な自己概念を発達させること	他者との関係を学ぶこと	自らの限界を受け入れること	仕事以外の役割を開発すること

出典：岡田, 2003, p.19

働省(2015)による調査では,大学卒就職者の3割前後が3年以内に離職しており,その割合は高卒,中卒になるとさらに高まることが示されている(図11-2)。

離職の原因としては,労働時間や休日・休暇などの労働環境や賃金の問題とともに,人間関係の悪さや仕事が合わないことなどが指摘されている(厚生労働省,2014)。後者に関連すると考えられる心理的問題としては,リアリティ・ショックとバーンアウトがあげられるだろう。

リアリティ・ショックとは,就職前に抱いていた自分の期待・夢と,就職後に仕事・組織の現実に直面して感じるギャップのことである(Schein, 1978)。リアリティ・ショックが若年者の就業意識に及ぼす影響を調べた小川(2005)によると,リアリティ・ショックは,①職務への態度(職務満足度)より,組織への態度(組織に対するコミットメント,上司への信頼感)に影響を及ぼしていること,②入社後の自己理解,特に適性を自覚させる契機にもなっていること,が示唆されている。

バーンアウトは,燃え尽き症候群とも呼ばれ,顧客にサービスを提供することを職務とするヒューマンサービス従事者に多いとされる。以前は精力的に仕事をし,まわりの人たちからも一目置かれる存在だった人が,急に「燃え尽きたように」意欲を失い,休職,ついには離職してし

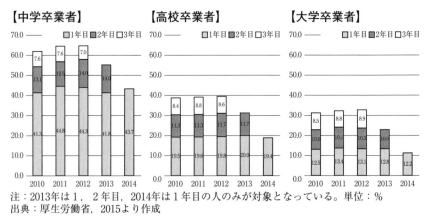

注:2013年は1,2年目,2014年は1年目の人のみが対象となっている。単位:%
出典:厚生労働省,2015より作成

図11-2 新規学卒就職者の在職期間別離職率

まうような現象をさす（久保，2007）。マスラックら（Maslach et al., 1981）は，バーンアウトを情緒的消耗感，脱人格化，個人的達成感の低下という3つの側面から定義し，このうち情緒的消耗感が主症状であり，残りの2つはその副次的な結果だとしている。

　バーンアウトの個人要因としては，まず，ひたむきさや他者と深く関わろうとする姿勢といったパーソナリティの要因があげられ（久保，2007），この特性をもつ人のほうがバーンアウトになりやすいとされる。しかし，これらはヒューマンサービス従事者にとって必要な特性でもある。このほかに，経験があげられており，未経験な人ほど，達成への期待，職務それ自体への期待，組織への期待が高く，この理想の高さが要因となるようである。これは，先に触れたリアリティ・ショックとも通じる。実際，大学病院勤務の新卒看護職を対象とした調査では，リアリティ・ショックがバーンアウトのリスクと関連していることが示されている（鈴木ら，2005）。

　リアリティ・ショックやバーンアウトを防ぐための手立てはあるのだろうか。先にあげた小川（2005）では，上司への信頼感が職務満足度を高めることが示唆されている。また，鈴木ら（2005）によれば，先輩や同僚，また職場以外での相談相手がいないことがバーンアウトのリスクを高めるという。仕事上，もしくは人生上の助言者・指導者のことをメンターと呼ぶが，上記の結果は，メンターの存在がバーンアウト予防の手立ての一つであることをうかがわせる。労働環境の整備，賃金の改善とともに，誰かがメンターとなりうるような環境づくりが，職場に求められていると言えよう。

3. 他者と親密な関係を築くこと

(1) 進む未婚化と晩婚化

　青年期から成人期へ移行したことを示すもう一つの指標としては結婚があげられる。結婚に関する各種統計を見ると，1980年代までは男女とも生涯未婚率は5％に満たず，平均初婚年齢も20歳代半ばくらいであった。この頃は，学校卒業後に就職し，20代のうちに結婚というのが一般的なライフコースであった（図11-1参照）。

　エリクソンは，成人初期の心理社会的危機として，「親密　対　孤立」をあげているが，特定の個人と親密な関係を築いて結婚に至ることは，日本では，少なくとも1980年代までは20代の発達課題であったと言える。また，「結婚適齢期」という言葉に象徴されるように，社会における結婚の規範性も高かった。

　しかし，近年，結婚をめぐる傾向に変化が生じてきている。1990年代以降，生涯未婚率（50歳の時点で一度も結婚していない人の割合）が上昇し，2010年には男性で20％，女性も10％を超えるようになった。また，2010年時点で，30代後半の未婚者の割合は男性で約36％，女性で約24％となっている（総務省統計局，2011）。さらに，平均初婚年齢も，2008年に男性で30歳を超え，女性も30歳近くになり，その後も上昇が続いている。このように，現在では，未婚化と晩婚化が顕著になってきており，結婚は必ずしも成人初期の発達課題とはみなされなくなっているようである。

(2) 恋愛行動に見られる男女差

　国立社会保障・人口問題研究所の調査（2010）によると，1987年から「一生結婚するつもりはない」とする未婚者（20～35歳）は徐々に増え

てきており，2010年では男性9.4％，女性6.8％となっている。その一方で「いずれ結婚するつもり」という未婚者の割合は，一貫して高い水準にあり，2010年では男性86.3％，女性89.4％となっている。先述した晩婚化・未婚化は，最初から意図されていたというよりは，結果的にそうなったものと考えられる。

　それでは，なぜ結果的に晩婚・未婚になってしまうのであろうか。明治安田生活福祉研究所（2014）は，20～49歳の男女を対象に結婚をテーマとする調査を実施した。その結果，未婚で恋人のいない男性は20代で79％，30代で85％，40代で87％，同女性は20代で58％，30代で67％，40代で78％となっており，未婚者の間で恋人のいない人が多数を占めており，その割合は女性よりも男性で高いことがわかる。また，これまでの交際経験では，未婚男性で，20代の40.7％，30代の33.5％，40代の24.0％が交際経験がないのに対し，未婚女性では20代で23.3％，30代と40代では15％前後と男性の約半分となっている。交際した人数も未婚男性より未婚女性のほうが多く，「3人以上」と回答した割合は，30代男性の35.8％に対し，30代女性は57.5％であった。これらの結果は，男性では交際をあまり経験せずに未婚になっており，女性では交際を何度か経験したうえで未婚になっていることを示唆している。

　未婚者が交際をあまりしていない理由を考えてみよう。内閣府の調査（2015a）によると，未婚で現在恋人のいない20～30代の男女のうち，「恋人が欲しい」人が約6割，「欲しくない」人が約4割となっている。また，年収が400万円以上の人は，そうでない人よりも「欲しい」とする割合が高い。コミュニケーション力との関連では，自己効力感や社交性の高い人は低い人よりも「欲しい」とする割合が高い。

　交際への不安については（表11－2），「そもそも出会いの場所がない」が最も高く，次いで「自分は魅力がないのではないかと思う」があげら

れている。ここまでは男女共通だが，3番目に多い回答が，女性では「自分が恋愛感情を抱くことができるのか不安だ」，男性では「気になる人がいても，どのように声をかけてよいかわからない」「どうしたら親しい人と恋人になれるのかわからない」となっている。恋人を欲しいと思わない人に理由を尋ねた項目では，「恋愛が面倒」（男性47.3％，女性45.0％），「自分の趣味に力を入れたい」（男性47.3％，女性42.9％），「仕事や勉強に力を入れたい」（男性34.2％，女性31.4％）となっていた。

これらの結果は，収入の問題や出会いの少なさに加え，自分をまず充実させたいという思いが強いことを示している。さらに，女性では恋愛そのものに懐疑的な傾向が見られるのに対し，男性では女性とのコミュニケーションの取り方がわからないために，恋愛をためらっている様子がうかがえる。

表11-2 男女および年代別の交際への不安

		(%)	気になる人がいても，どのように声をかけてよいかわからない	どうしたら親しい人と恋人になれるのかわからない	恋愛交際の進め方がわからない	恋人として交際するのがなんとなくこわくて，交際に踏み切れない	過去の失恋経験からまた振られるのではないかと思う	自分は魅力がないのではないかと思う	自分が恋愛感情を抱くことができるのか不安だ	そもそも出会いの場所がない	その他	無回答
全体		(761)	20.0	18.4	19.8	12.0	8.0	34.2	20.5	55.5	12.9	8.4
未婚	男性	(403)	21.6	21.6	20.3	12.4	8.4	32.8	16.6	52.4	12.9	10.4
	20代	(229)	22.7	24.0	20.5	14.4	7.0	33.2	14.4	51.1	10.5	11.8
	30代	(174)	20.1	18.4	20.1	9.8	10.3	32.2	19.5	54.0	16.1	8.6
	女性	(358)	18.2	14.8	19.3	11.5	7.5	35.8	24.9	58.9	12.8	6.1
	20代	(236)	18.6	14.8	19.5	11.4	5.5	39.0	23.7	60.6	12.7	6.4
	30代	(122)	17.3	14.8	18.9	11.5	11.5	29.5	27.0	55.7	13.1	5.7

1位　2位　3位

注：対象は未婚者かつ現在恋人がいない人
出典：内閣府，2015a

4. 複数の役割を担っていくのが人生

(1) ゆらぐ伝統的性役割観

　これまでみてきたように，大人になると，就職して職業人としての役割や結婚して配偶者役割を得るというように，複数の新しい社会的役割を担うことになる。しかし，社会的役割が増えれば，それらの役割の間での時間やエネルギーの調整が必要となってくる。特に女性では，配偶者・親役割と職業人役割の葛藤が古くから言われてきた。このありようについても，時代とともに変化がみられている。

　一昔前までは，女性は，学校卒業後いったん就職しても，結婚もしくは出産と同時に仕事をやめ，その後は専業主婦となって家事と育児に勤しむというのが一般的なライフコースであった。しかし，女性の意識や社会状況の変化などにより，結婚・出産後も働き続ける女性が増加してくると，伝統的性役割観が揺らぎ始めてきた。内閣府の調査（2015b）によると，「夫は外で働き，妻は家庭を守るべきである」という質問に賛成する割合は，1992年で男性65.7％，女性55.6％であったが，2014年では男性46.5％，女性43.2％と20年余りでかなり低下している。この背景には，働く意欲をもつ女性の増加，女性の社会進出を認める風潮の高まりに加え，1990年代初頭のバブル経済崩壊以降，余裕をもった家庭生活をするには男性一人の収入だけでは足りず，女性も働かなくてはならないという現実的な状況もあると思われる。

(2) ライフ・ロールとライフ・キャリア・レインボー

　働き続ける女性の増加に伴って，パートナーである男性にも家事・育児分担が求められるようになってきた。「男性も女性も仕事も家庭も」というように役割観が変化してきたのである。仕事と家庭という役割を

どう遂行していくかという問題は，ワーク・ライフ・バランスとして政府の施策にもあげられているが，先にも述べたとおり，働き続ける女性にとっては古くから役割葛藤として知られる課題でもある。これが近年男性にとっても課題となったのである。

第2節で社会的役割を遂行しながら自分自身を発達させていくと述べたが，もともと私たち人間は，生涯のいずれの時点においても複数の役割を担っているものである。スーパーらは，生涯にわたり共通して経験しうる社会的役割として，仕事（労働者）以外に，家庭人，市民，余暇人，学生，子どもという役割（ライフ・ロール）を取り上げている（Nevill & Super, 1986）。人は，その時々の自分にとっての重要性や意

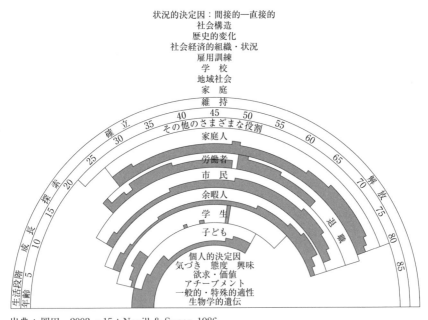

出典：岡田，2003, p.15；Nevill & Super, 1986

図11-3　スーパーらによるライフ・キャリア・レインボー

味に応じて，複数の役割を同時に遂行していこうとする存在だと言える。生涯の各時点でそれぞれの役割にどの程度の時間やエネルギーを使用するかを表現したライフ・キャリア・レインボーという図がある（図11-3）。「自分らしさ」とよくいわれるが，この観点からすると，役割（ライフ・ロール）の遂行の仕方にそれが現われると言えるだろう。

引用文献

- 井上輝子・江原由美子（2005）．女性のデータブック（第4版）　有斐閣
- 国立社会保障・人口問題研究所（2010）．第14回出生動向基本調査（独身者調査）
- 厚生労働省（2014）．平成25年若年者雇用実態調査結果の概況
- 厚生労働省（2015）．新規学卒者の離職状況に関する資料一覧
- 久保真人（2007）．バーンアウト（燃え尽き症候群）—ヒューマンサービス職のストレス—　日本労働研究雑誌, 49, 54-64.
- 内閣府（2015a）．平成26年度結婚・家族形成に関する意識調査
- 内閣府（2015b）．平成27年版　男女共同参画白書
- Nevill, D. D. & Super, D. E. (1986). *The Values Scale: Theory, Application, and Research.: Manual.* Palo Alto, CA: Consulting Psychologists Press.
- Maslach, C., & Jackson, S. E. (1981). *The Maslach Burnout Inventory.* Palo Alto, CA: Consulting Psychologists Press.
- 明治安田生活福祉研究所（2014）．第8回　結婚・出産に関する調査
- 文部科学省（2015）．平成26年度大学等卒業者の就職状況調査（4月1日現在）
- 岡田昌毅（2003）．ドナルド・スーパー—自己概念を中心としたキャリア発達—　渡辺三枝子（編）　キャリアの心理学—働く人の理解〈発達理論と支援への展望〉—　ナカニシヤ出版　Pp.1-22.
- 岡田昌毅（2014）．キャリア発達とキャリア・カウンセリング　つくばの心理学　Pp.16-17.
- 岡田努（2007）．現代青年の心理学　世界思想社
- 小川憲彦（2005）．リアリティ・ショックが若年者の就業意識に及ぼす影響　経営行動科学, 18, 31-44.

- Schein. E. H.（1978）. *Career Dynamics: Matching Individual and Organizational Needs*. Reading, MA: Addison-Wesley.（シャイン, E. H. 二村敏子・三善勝代（訳）（1991）. キャリア・ダイナミクス　白桃書房）
- 総務省統計局（2011）. 平成22年国勢調査人口等基本集計
- Super, D. E.（1963）. Self-concepts in vocational development. In D. E. Super, R. Starishevsky, N. Mattin, & J. P. Jordaan（Eds.）, *Career Development: Self-Concept Theory*. New York: College Entrance Examination Board. Pp.17-32.
- Super, D. E., Savickas, M. L., & Super, C. M.（1996）. The life-span, life-space approach to careers. In D. Brown, L. Brooks, & Associates.（Eds.）, *Career Choice and Development*（*3rd ed*）. San Francisco: Jossey-Bass. Pp.121-178.
- 鈴木英子・叶谷由佳・北岡和代・佐藤千史（2005）. 大学病院に勤務する新卒看護職の職場環境及びアサーティブネスとバーンアウトリスク　日本看護研究学会雑誌, 28, 89-99.

参考文献

- 柏木惠子（2013）. おとなが育つ条件―発達心理学から考える―　岩波新書
- 渡辺三枝子（編著）（2007）. 新版キャリアの心理学―キャリア支援への発達的アプローチ　ナカニシヤ出版

12 | 成人期の発達：中年期危機とジェネラティビティ

向田久美子

《目標＆ポイント》 成人期は，仕事や家庭，地域での責任が増し，社会的影響力を最も強く行使する時期である。さまざまな形で次世代育成に携わる一方，自身の体力の衰え，職業上の限界，子どもの巣立ちや親の介護なども経験し，人生の軌道修正が必要になってくる。この時期の課題と心理的発達について概説する。
《キーワード》 中年期危機，親になること，夫婦関係，職業，熟達化，ジェネラティビティ，ケア

1. 中年期危機

(1) 成人期の見方の変化

　従来の発達モデルでは，人は青年期から成人初期にかけて身体的・精神的に成熟し，成人期はその成熟した心身を用いて，仕事に勤しみ，家庭を安定させ，経済的基盤を築く時期だと考えられていた。言わば，人生における安定不変の時期とみなされる傾向にあった。そのため，中年期の意義を唱えたユング（Jung, 1933）やエリクソンのライフサイクル論（Erikson, 1950）を除いて，実証研究は乏しかった。
　しかし，実際には，成人期には多様な経験が待ち構えている。社会的責任が増し，関わり合う世界が広がるにつれ，さまざまな危機的出来事に遭遇しやすくなる（表12−1）。また，加齢とともに，メタボリック・シンドロームや生活習慣病，更年期症状など，心身の不調も表面化して

くる。さらに，近年の雇用の流動化，離婚の増加，長命化による親の介護問題なども，成人期の安定性を揺るがせる要因となっている。こうしたことを背景に，成人期の発達への関心が高まり，安定というよりむしろ変化に着目した研究が多くなされるようになった。

（2）成人期の発達モデル

成人期の研究に先鞭をつけたのはレヴィンソン（Levinson et al., 1978）である。さまざまな職業に就いているアメリカ人男性へのインタビューを通して，成人期の発達の詳細な区分を試みた。成人期を生活構造という観点から，前期，中期，後期の3つに分け，各段階に生活構造を築き，安定させる時期と，生活構造を見直し，修正する移行期が交互に訪れるとした（図12-1）。後に女性を対象としたインタビューも実施し，おおむね同じ発達段階をたどるとしながらも，男性が仕事中心の生活設計をするのに対し，女性は仕事と家庭のはざまで葛藤状態を経験しやすいと述べている（Levinson, 1996）。

レヴィンソンの階段モデルに対して，岡本（1994; 2007）はアイデンティティの発達に着目し，図12-2のようならせんモデルを提示した。

表12-1　人生の重大な出来事の例

・病気やけがなど，健康面で変化があった	・就職した
・家族が病気したり，大けがをした	・労働条件や地位が変化した（転職，配置転換，昇格，降格）
・妊娠した	・単身赴任した
・結婚した	・大金を借金した
・子どもが生まれた	・大損した
・夫婦関係が悪化した	・収入が減少した
・離婚した	・予期しない大きな出費をした
・配偶者と別居した	・住居を失った
・親族との間でトラブルがあった	・住環境が悪化した
・失恋した	・転居した
・子どもが離婚した	・配偶者が死亡した
・子どもが離れて別に暮らすようになった	・家族のだれか（配偶者以外）が死亡した
・親（子ども）と同居するようになった	・親しい友人が死亡した
・配偶者が単身赴任した	・犯罪に巻き込まれた
・配偶者が退職した	・法律上の争いに関わった
・退職した	・災難（人災・天災）にあった
・失業した	・家族が問題を起こした

出典：高橋・波多野，1990，p.35

第12章 成人期の発達：中年期危機とジェネラティビティ | **175**

成人期を成人初期，中年前期，中年後期，定年退職期に分け，中年前期と定年退職期においてアイデンティティの危機が訪れやすいとした。先述したように，成人期はさまざまな重大事に遭遇しやすく，また自分自身の身体的・心理的変化（衰えや限界）にも直面する。今までの生き方やあり方では，もはや自分を維持できないという危機感が，これまでの人生の振り返りと将来に向けての軌道修正を促し，アイデンティティの再体制化をもたらすとされる。

　岡本のモデルは，危機（移行）と安定が交互に訪れるという点ではレヴィンソンのモデルと共通しているが，発達の道筋を一つに限定していない点で適用範囲が広い。青年期と同様，すべての人がアイデンティティを再確立できるわけではなく，モラトリアムを長く経験する人もいれば，深く考えずにやり過ごす人もいると考えられる。個人差はあるにせ

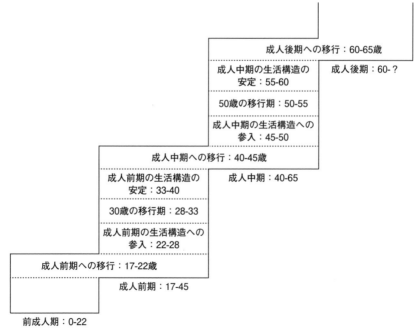

出典：Levinson, 1986; Levinson et al., 1978, p.75訳出

図12-1　レヴィンソンによる成人期の発達モデル

よ，アイデンティティの揺らぎと立て直しは，青年期のみならず，成人期においても繰り返し経験されると言えるだろう（第10章参照）。

（3）中年期危機は存在するか？

こうしたアイデンティティの危機は，中年期（40〜50代）に訪れやすいことから，しばしば中年期危機と呼ばれる。一方，危機は必ずしも中年期に限定されるものではないとする意見もある（Lachman, 2004）。失業や経済的困難，病気や離婚，子どもの巣立ちなど，危機を引き起こしやすいライフイベントを経験する時期は人によって異なる。また，それらのライフイベントがもつ意味も，人によって異なる可能性がある。

例えば，神経質なパーソナリティの人は，そうでない人よりも中年期危機を経験しやすい（Costa & McCrae, 1980）。また，子どもの自立に

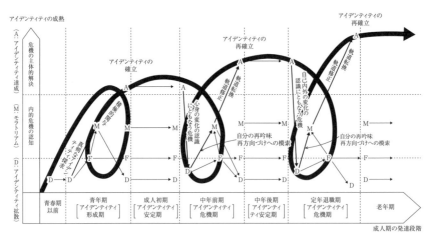

出典：岡本，2007，p.177；岡本，1994

図12-2　アイデンティティ発達のらせんモデル

よって空の巣症候群（子育てに打ち込んできた女性が無気力やうつ状態になったりすること）に陥る人もいれば，逆に達成感を得て，将来の自由な生活への期待感を抱く人もいるという（Adelmann et al., 1989）。ライフコースの多様化も進んでいることから，アイデンティティの危機は中年期に訪れやすいものの，その時期に限るものではないと考えたほうがよいだろう。

2. 親になること

(1) 親になって得るもの，失うもの

　1970年代ごろから，結婚するかしないかは基本的に個人の自由となり，子どもも「授かる」ものから「つくる」ものへと変化した（柏木，2008）。個人の選択の余地が増えたことで，結果として未婚化や晩婚化，晩産化が進み，親になる時期が遅くなるとともに，親にならない人も増えている。

　このような時代に，親となり，子どもを育てることは，個人の発達にどのような影響をもたらすのだろうか。柏木・若松（1994）は，柔軟さ，自己抑制，運命・信仰の受容，視野の広がり，生き甲斐・存在感，自己の強さといった人格的側面の発達を明らかにした。こうした人格的発達は，一般に女性のほうが顕著であるものの，育児に積極的に関わる男性にも見られることがわかっている（Palkovitz, 2002; Snarey, 1993）。

　一方，子どもをもつことによって失うものもある。とりわけ，育児の主な担い手となる女性は，時間的・経済的自由，友人との付き合い，職業的キャリアの喪失や制限のほか，個人としてのアイデンティティのゆらぎも経験しやすい（岡本，1996；德田，2002；柏木，2008）。また，子育ては「思い通りにいかない子ども」だけでなく，つい感情的になってしまうなど，「思い通りにならない自分」との折り合いをつけていく

過程でもある（氏家，1999）。苛立ちや不安，落ち込みといった否定的感情は，子育て中の親の多くが経験するものだが，夫婦間のサポートが低い場合や，親が社会的に孤立している場合は，より一層強くなるという（松田，2001；山根，2013）。否定的感情が慢性化すると，抑うつや虐待へとつながる可能性もあるため，注意が必要である（菅原，1999）。

（2）親役割の変化

　親は子どもの成長に合わせ，変化する役割にも適応していかなくてはならない。個人と同様，家族にもライフサイクルがある（Carter & McGolrick, 1980; 岡本，2005）。子どもが幼いうちは親役割を受け入れ，養育することが課題となるが，就学後は多少ゆとりができ，親子それぞれが自分の関心に向けて活動を始める。親は子どもの個性化を手助けし，家族としての調和を図ることが課題となる。思春期以降は，子どもの自立欲求に応じて，干渉を控えるとともに，それまでの依存欲求も満たしていかなくてはならない。時に心を閉ざしたり，反抗したり，親の望む方向に進まなかったりする子どもを，経済的，情緒的，道具的に支え，自立へと見守っていくことは，かなりのエネルギーを要する。親にとっては試練でもあり，成長の機会ともなる。その過程では，失敗したと思うこともあれば，子どもに教えられたり，支えられたりすることもあるだろう（大島，2013）。

3．夫婦関係

（1）夫婦関係の長期化

　アメリカでは比較的早くから夫婦関係の研究が進められていたが，日本での研究は立ち遅れ，1990年代にようやく始まった（伊藤，2015）。この背景には，夫婦よりも親子関係を重視する文化や，夫婦の問題は特

殊・個別なものとみなす考え方があったとされる（柏木・平山，2003）。また，子どもの発達には母親だけでなく，父親を含む家族全体がシステムとして関わっているという見方が広まったことも関係しているだろう（Sameroff, 1994）。

　実際，夫婦の生活にも変化があった。具体的には，平均寿命が伸びたこと，少子化に伴い子育て期間が短縮したことにより，夫婦二人きりで過ごす期間が長くなった。第11章の図11-1に示すように，子どものいる女性のライフサイクルには，新たに子育て解放期が登場したのである。子育てという共通目標の達成，さらに職業からの引退を経て，長い期間にわたって夫婦関係を維持していくには，それなりの努力や工夫がいる。熟年離婚の増加は，その難しさを物語っているのかもしれない。

（2）結婚満足度の経年的変化

　結婚満足度（夫婦関係満足度）は，結婚の経過とともにどう変化するのだろうか。初期の研究ではU字型の変化（新婚当初に最も高く，徐々に下がり，晩年に再び上昇する）が報告されていたが，その後の研究で

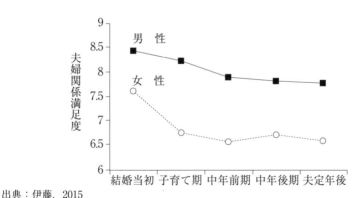

出典：伊藤，2015

図12-3　各ライフステージにおける夫婦関係満足度

は，直線的もしくはL字型のように減少するという見方が主流になっている（Bradbury et al., 2000; 永井，2011; Vaillant & Vaillant, 1993）。

　結婚後数年間で満足度が低下する原因の一つに，子どもの誕生があげられる（Belsky & Kelly, 1994; Cowan & Cowan, 1992; 伊藤，2015）。子どもの誕生は喜ばしいことだが，親役割への移行は，それまでの大人中心の生活を一変せざるを得ず，夫婦間の葛藤を高め，（特に妻側の）結婚満足度を低下させやすい（図12-3）。

　また，結婚満足度は総じて女性のほうが低い（Fowers, 1991, Jackson et al., 2014; 柏木・平山，2003）。この一因として，夫婦間で交換されるサポートのギャップが指摘されている（Belle, 1982; Cutrona, 1996）。一般に，結婚生活から多くを得るのは女性より男性とされる。例えば，妻は夫に対してより多くの情緒的・道具的サポートを提供し（平山，1999），健康にも気を遣うため，総じて既婚男性は独身男性よりも心身の健康度が高い（稲葉，2002；Kiecolt-Glaser & Newton, 2001）。一方，女性ではそうした結婚による健康への恩恵はあまり見られず，むしろ夫婦間葛藤の経験が，心身の健康を損ないやすいことが示されている（伊藤，2015）。

（3）夫婦関係への対処

　夫婦に限らず，親しい関係に葛藤はつきものだが，それをどう捉え，対処するかが関係のあり方を左右する。例えば，葛藤を避けるべきと考えている夫婦は，葛藤を不可避と考えている夫婦よりも，結婚満足度が低い（Crohan, 1992）。また，子育てから解放される中年期には，妻側の個人化（個人としての価値の実現）が進むが（永久・柏木，2001），それが互いを尊重した結果である場合と，夫婦関係が良好でないために戦略として取られる場合とがある（磯田，2000）。後者の場合は，表面

的な関係は維持されているものの，離婚の危機をはらんでいるという（伊藤・相良，2013）。

一方，夫婦間の満足度を高める要因として，コミュニケーション，共同活動，性交渉，安定した収入などが指摘されている（Cutrona, 1996；伊藤ら，2014；Yeh et al., 2006）。加えて，日本では夫の家事・育児への関与の影響も大きい。夫婦関係は子どもの適応にも影響することから（Shelton & Harold, 2007），それぞれの立場に応じた前向きな対処が望まれる。

4．職業を通しての発達

（1）職業意識と満足度

成人期に最も多くの時間を費やすのは，（特に男性の場合）職業生活であろう。人は自分の適性を活かした職業を選び，生計を維持し，家族を養う。内閣府（2014）の調査によれば，働く目的で最も多いのは「お金を得るため」（51％）であり，次が「生きがいを見つけるため」（21.3％），「社会の一員として，務めを果たすため」（14.7％）となっている。

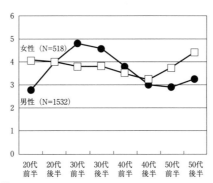

出典：下村，2013，p.63

図12-4　各年代における職業満足度

年齢別に見ると，経済目的は若い層で多く，生きがい目的は60代以降で多いことが示されており，ライフサイクルによって働く意義が変わっていくことがうかがえる。

下村（2013）が50代の常勤職の男女を対象に，それまでの職業生活の浮き沈みを振り返ってもらったところ，図12-4のような結果が得られた。男性では30代にピークを迎え，40代で下降，その後はあまり変化しないのに対して，女性は20代でささやかなピークを迎え，その後ゆるやかに下降するが50代で上昇に転ずる。20代から勤続している女性と，途中で退職し，再就職した女性のデータを分けて分析しても，おおむね同様の結果が得られている。働き続けることが自明となっている男性と，出産や育児でキャリアを中断・縮小する可能性のある女性とでは，組織から期待される役割も異なり，働くことの意味が年とともに変わってくるのではないかと思われる。ただし，この図はあくまで平均的な傾向であり，回答パターンには大きな個人差があったことを付け加えておく。

（2）熟達化

仕事を通して，人は必要な知識やスキルを身につけ，熟達化していく。熟達化の過程において獲得される知能は実践的知能と呼ばれ，IQ（知能指数）に代表される学校的知能とは別のものとみなされている（Sternberg & Wagner, 1986）。実践的知能は，仕事をしながら体得した暗黙の知識であり，高いレベルの仕事をしたり，複雑な問題を解決したりするのに役立つ。また，実践的知能は単に経験を積めば伸びるというわけではなく，経験から何を学ぶかによって変わるため，個人差が大きいとされる（金井・楠見，2012；鈴木，2008）。発達における個人の主体的制御の重要性を示す好例である（第1章参照）。

哲学者のショーン（Schon, 1983）は，さまざまな専門的職業人の研

究を通して,彼らが単に既存の知識や技術を実践に適用しているだけでなく,自身の行為を省察し,実践を通して知識を生成する「省察的実践家」であることを見出した。つまり,各分野の熟達者は,新しい局面に出会ったとき,それまでの知識や経験を活かして状況に働きかけるとともに,その行為を振り返り,自分の考えややり方を修正・調整することで,絶えず知識の最新化を図っているという。

こうした熟達化は,領域固有的なものとされる。すなわち,ある領域での熟達化は,別の領域での熟達化を保証するものではない(鈴木,2008)。また,熟達化は必ずしも職業生活に限って見られるものでもない。長年続けている趣味やスポーツ,ボランティア活動などにおいても熟達化は生じ,中高年の有能感を支えていると言われる(高橋・波多野,1990)。

(3) 多重役割とその影響

これまで,親として,夫婦として,職業人としての発達を個別に述べてきたが,これらは単独で成立するのではなく,相互に影響を与え合っている。ブロンフェンブレンナーの理論(第2章参照)で言えば,メゾシステムとしての環境を構成している。

多重役割を担うことの心理的影響については,正負双方の知見が見出されており(小泉,1997),一概に結論づけることは難しい。さらに,先行研究の多くは女性(特に働く母親)を対象としており,男性の多重役割についてはあまり検討されていない(土肥,1999)。育児や介護に携わる男性が増えつつある一方,働き過ぎにより心身の病や過労死に至る男性が相変わらず多いことを考えると,仕事以外の側面での男性の発達についても詳らかにしていく必要があると思われる(大野,2016)。

また,「結婚して子どもをもつ」だけが成人期の標準的な生き方では

なくなっている現在，単身者や子どものいない夫婦，ひとり親家庭などにおける多重役割についても，丁寧に検討していく必要があるだろう。

5. ジェネラティビティとケア

エリクソンは「成熟した人間は必要とされることを必要とする」と述べ，成人期の発達課題を「ジェネラティビティ　対　停滞」と設定した (Erikson, 1950)。ジェネラティビティとは，ジェネレーション（世代）とクリエイティビティ（創造性）を組み合わせた造語であり，次世代を確立させ，導くことと定義される。日本語では生殖性，次世代育成性，世代性などと訳出されている。

自分のしてきたことや，前の世代から引き継いできたことを，次世代に伝える方法としては，二種類ある。一つは子育て，教育，職場での後進育成など，直接的に次世代に関わる方法である。もう一つは，次世代の幸福を目的として，何らかの生産的な活動（ボランティアや社会活動，芸術等）に携わる方法である。

マクアダムス（McAdams, 2006）によれば，ジェネラティビティの高い成人のライフストーリーには，悪い出来事が後によいことにつながるというプロットが共通して見られるという。熟達化の知見にも通じるが，個人が経験をどう意味づけるかが，ジェネラティビティの確立に影響していると言えるだろう。

次世代と関わる過程では，子育ての悩みや不妊，若い世代との葛藤，仕事上の行き詰まりなど，さまざまな停滞も経験する。そうした停滞を一つずつ乗り越え，その人なりのやり方で次世代を導く，もしくは次世代に貢献することができたとき，ケアという力が獲得されるという (Erikson, & Erikson, 1997)。ケアとは，「これまで大切にしてきた人や物や観念の面倒を見ることへの，より広範な関与」と定義される。

このケアは，次世代との関わりだけでなく，夫婦関係や前世代との関わり（親の世話や介護）とも密接に関連している。エリクソンのライフサイクル論では，主に次世代に焦点を当てており，前世代に関する視点は弱かった（西平，2014）。これには時代や文化の影響もあると思われるが，今の日本では喫緊の課題となっている。介護による離職，介護者の心身の疲労，高齢者の虐待，晩婚・晩産化に伴うダブルケア（育児期と介護期が重なること）など，否定的な側面が取り上げられることの多い問題だが，満足のいく介護・看取りができたとき，子育てと同じような人格的発達が生じることが示されている（渡邉・岡本，2005）。そうした個人としての発達が可能になるような，ワーク・ライフ・バランスの推進や支援体制の充実が望まれる。

引用文献

- Adelmann, P. K., Antonucci, T. C., Crohan, S. E., & Coleman, L. M. (1989). Empty nest, cohort, and employment in the well-being of midlife women. *Sex Roles*, 20, 173-189.
- Belle, D. (1982). *Lives in Stress: Women and Depression.* Thousand Oaks, CA: Sage.
- Belsky, J., & Kelly, J. (1994). *The Transition to Parenthood.* New York: Delacorte press.（ベルスキー，J.，ケリー，J. 安次嶺佳子（訳）(1995). 子どもをもつと夫婦に何が起こるか　草思社）
- Bradbury, T. N., Fincham, F. D., & Beach, S. R. (2000). Research on the nature and determinants of marital satisfaction: A decade in review. *Journal of Marriage and Family*, 62, 964-980.
- Carter, E. A., & McGoldrick, M. (Eds.) (1980). *The Family Life Cycle: A Framework for Family Therapy.* New York: Gardner Press.
- Costa, P. T., & McCrae, R. R. (1980). Still stable after all these years: Personality as a key to some issues in adulthood and old age. In P. B. Baltes, & O. G. Brim (Eds.), *Life-span Development and Behavior.* New York: Academic Press. Pp. 65-102.
- Cowan, C. P., & Cowan, P. A. (1992). *When Partners Become Parents: The Big Life Change for Couples.* New York: Basic Books.（コーワン，C.，コーワン，P.

山田昌弘・開内文乃（訳）（2007）．カップルが親になるとき　勁草書房）
- Crohan, S. E. (1992). Marital happiness and spousal consensus on beliefs about marital conflict: A longitudinal investigation. *Journal of Social and Personal Relationships*, 9, 89-102.
- Cutrona, C. E. (1996). *Social Support in Couples: Marriage as a Resource in Times of Stress.* CA: Thousand Oaks.
- 土肥伊都子（1999）．"働く母親"，多重役割の心理学　東洋・柏木惠子（編）流動する社会と家族Ⅰ　ミネルヴァ書房　Pp.113-136
- Erikson, E. H. (1950). *Childhood and Society.* New York: Norton. （エリクソン，E. H. 仁科弥生（訳）（1980）．幼児期と社会1　みすず書房）
- Erikson, E. H., & Erikson, J. M. (1997). *The Life Cycle Completed: A Review (Expanded Edition).* New York: Norton. （エリクソン，E. H., エリクソン，J. M. 村瀬孝雄・近藤邦夫（訳）（2001）．ライフサイクル，その完結〈増補版〉　みすず書房）
- Fowers, B. J. (1991). His and her marriage: A multivariate study of gender and marital satisfaction, *Sex Roles*, 24, 209-221.
- Jackson, J. B., Miller, R. B., Oka, M., & Henry, R. G (2014). Gender differences in marital satisfaction: A meta-analysis. *Journal of Marriage and Family*, 76, 105-129.
- 平山順子（1999）．家族を「ケア」するということ：育児期女性の感情・意識を中心に　家族心理学研究，13，29-47.
- 稲葉昭英（2002）．結婚とディストレス　社会学評論，53，69-84.
- Jung, C. G. (Ed.) (1933). *Modern Man in Search of a Soul.* New York: Harcourt, Brace & World.
- 磯田朋子（2000）．私事化・個別化の中での夫婦関係　善積京子（編）　結婚とパートナー関係—問い直される夫婦　ミネルヴァ書房　Pp.147-167.
- 伊藤裕子（2015）．夫婦関係における親密性の様相　発達心理学研究，26，279-287.
- 伊藤裕子・相良順子（2013）．夫婦の愛情と個別化志向からみた夫婦関係—中高年期夫婦を対象に—　文京学院大学人間学部研究紀要，14，1-13.
- 伊藤裕子・相良順子・池田政子（2014）．夫婦関係と心理的健康—子育て期から高齢期まで　ナカニシヤ出版
- 金井壽宏・楠見孝（2012）．実践知—エキスパートの知性　有斐閣
- 柏木惠子（2008）．子どもが育つ条件—家族心理学から考える　岩波書店
- 柏木惠子・平山順子（2003）．結婚の"現実"と夫婦関係満足度との関連性—妻はなぜ不満か—　心理学研究，74，122-130.
- 柏木惠子・若松素子（1994）．「親となる」ことによる人格発達：生涯発達的視点から親を研究する試み　発達心理学研究，5，72-83.
- Kiecolt-Glaser, J. K., & Newton, T. L. (2001). Marriage and health: His and hers.

Psychological Bulletin, 127, 472-503.
- 小泉智恵（1997）．仕事と家庭の多重役割が心理的側面に及ぼす影響―展望― 母子研究, 18, 42-59.
- Lachman, M. E. (2004). Development in midlife. *Annual Review of Psychology*, 55, 305-331.
- Levinson, D. J., Darrow, C. N., Klein, E. B., Levinson, M. H., & McKee, B. (1978). *The Seasons of a Man's Life*. New York: Knopf.（レヴィンソン，D. J. 南博（訳）(1980). 人生の四季―中年をいかに生きるか　講談社）
- Levinson, D. J. (1986). A conception of adult development. *American Psychologist*, 41, 3-13.
- Levinson, D. J. (1996). *The Seasons of a Woman's Life*. New York: Knopf.
- 松田茂樹（2001）．育児ネットワークの構造と母親の Well-Being　社会学評論, 52, 33-47
- McAdams, D. P. (2006). *The Redemptive Self: Stories Americans Live by*. New York: Oxford University Press.
- 内閣府（2014）．国民生活に関する世論調査
- 永久ひさ子・柏木惠子（2001）．中年期の母親における「個人としての生き方」への態度　発達研究, 16, 69-85.
- 永井暁子（2011）．結婚生活の経過による妻の夫婦関係満足度の変化　社会福祉, 52, 121-131.
- 西平直（2014）．エリクソンは発達の「環境」をどう描いたのか　鈴木忠・西平直（著）生涯発達とライフサイクル　東京大学出版会　Pp.103-155.
- 岡本祐子（1994）．成人期における自我同一性の発達過程とその要因に関する研究　風間書房
- 岡本祐子（1996）．育児期における女性のアイデンティティ様態と家族関係に関する研究　日本家政学会誌, 47, 849-860.
- 岡本祐子（2005）．「成人期の危機」をとらえる視点と理論　岡本祐子（編）成人期の危機と心理臨床―壮年期に灯る危険信号とその援助―　ゆまに書房　Pp.2-40.
- 岡本祐子（2007）．アイデンティティ生涯発達理論の展開　ミネルヴァ書房
- 大島聖美（2013）．中年期母親の子育て体験による成長の構造―成功と失敗の主観的語りから―　発達心理学研究, 24, 22-32.
- 大野祥子（2016）．「家族する」男性たち―おとなの発達とジェンダー規範からの脱却　東京大学出版会
- Palkovitz, R. (2002). *Involved Fathering and Men's Adult Development*. Hillsdale, NJ: Erlbaum.
- Sameroff, A. (1994). Developmental systems and family functioning. In R. D. Parke & S. G. Kellam (Eds.), *Exploring Family Relationships with Other Social*

- *Contexts.* Hillsdale, NJ: Erlbaum. Pp.199-214.
- Schon, D. A.（1983）. *The Reflective Practitioner: How Professionals Think in Action.* NY: Basic Books.（ショーン，D. A. 柳沢昌一・三輪建二（訳）（2007）. 省察的実践とは何か――プロフェッショナルの行為と思考　鳳書房）
- Shelton, K. H., & Harold, G. T.（2007）. Marital conflict and children's adjustment: The mediating and moderating role of children's coping strategies. *Social Development,* 16, 497-512.
- 下村英雄（2013）. 成人キャリア発達とキャリアガイダンス――成人キャリア・コンサルティングの理論的・実践的・政策的基盤――　労働政策研究・研修機構
- Snarey, J.（1993）. *How Fathers Care for the Next Generation: A Four-Decade Study.* Cambridge: Harvard University Press.
- Sternberg, R. J., & Wagner, R. K.（Eds.）（1986）. *Practical Intelligence: Nature and Origins of Competence in the Everyday World.* Cambridge: Cambridge University Press.
- 菅原ますみ（1999）. 子育てをめぐる母親の心理　東洋・柏木惠子（編）　流動する社会と家族Ｉ　ミネルヴァ書房　Pp.47-79
- 鈴木忠（2008）. 生涯発達のダイナミクス：知の多様性　生き方の可塑性　東京大学出版会
- 高橋惠子・波多野誼余夫（1990）. 生涯発達の心理学　岩波書店
- 徳田治子（2002）. 母親になることの獲得と喪失：ナラティヴ・アプローチを用いた質的分析　家庭教育研究所紀要，24, 110-120.
- 氏家達夫（1999）. 親になること，親であること　東洋・柏木惠子（編）流動する社会と家族　ミネルヴァ書房　Pp.137-162
- Vaillant, C. O., & Vaillant, G. E.（1993）. Is the U-curve of marital satisfaction an illusion? A 40-year study of marriage. *Journal of Marriage and Family,* 55, 230-239.
- 渡邉照美・岡本祐子（2005）. 死別経験による人格的発達とケア体験との関連　発達心理学研究，16, 247-256.
- 山根隆弘（2013）. 発達障害児・者をもつ親のストレッサー尺度の作成と信頼性・妥当性の検討　心理学研究，83, 556-565.
- Yeh, H. C., Lorenz, F. O., Wickrama, K. A., Conger, R. D., & Elder, G. H.（2006）. Relationships among sexual satisfaction, marital quality, and marital instability at midlife. *Journal of Family Psychology.* 20, 339-43.

参考文献

- 柏木惠子（2013）. おとなが育つ条件――発達心理学から考える　岩波書店

13 | 老年期の発達：喪失とサクセスフル・エイジング

向田久美子

《目標&ポイント》 先進諸国，とりわけ日本では急速な勢いで高齢化が進み，老年期が長期化している。一般に，老年期は，心身の衰えや，それまで担ってきた役割からの引退，近親者との別れなど，喪失体験が増える傾向にある。その一方で，認知能力の維持・向上や肯定的感情の増加など，サクセスフル・エイジングに関する研究も進んでいる。本章では老年期の発達について概説する。
《キーワード》 喪失，老化，SOC モデル，英知，サクセスフル・エイジング，インテグリティ，知恵

1．高齢化と老年期

(1) 高齢化の進展

高齢化は，20世紀後半に入ってから，先進国において徐々に進んできた。その背景には，社会の安定，経済的繁栄，栄養の向上，生活環境の改善，医療の進歩などがある。それに伴い，老年期をいかに生きるか，またいかに支えるか，という問題が議論されるようになった。第1章で触れたように，発達を生涯発達の視点から捉えようとする動きも，こうした社会的背景の中で生まれてきた。

日本では，1950年の平均寿命は女性で62.97歳，男性で59.57歳であった。以来一貫して伸び続け，2015年で女性は87.05歳，男性は80.79歳と，世界有数の長寿国となっている（厚生労働省，2016）。ただし，こうし

た寿命の延びには，単に人びとが長生きするようになっただけでなく，乳児死亡率が劇的に低下したことも関係している（保志，1997）。

近年は少子化の影響もあり，人口に占める65歳以上の高齢者の割合も増している。1950年には日本の全人口の4.9％に過ぎなかったが，1985年に1割を超え，2015（平成27）年には26.7％となり，2040（平成52）年には36.1％に達すると見込まれている（図13-1）。高齢化の進展は先進国共通の現象だが，とりわけ日本において著しいと言えるだろう。

（2）老年期の区分

老年期が長引くにつれ，高齢者を年齢によって区分する試みもさまざまになされている。日本の行政区分では，2008年以降，65歳から74歳までの人を前期高齢者，75歳以上の人を後期高齢者と二分している。発達心理学の分野では，ニューガーテン（Neugarten, 1974）が65～74歳を高齢前期（young-old），75歳以上を高齢後期（old-old）と分けたが，その後，高齢化が進んだため，新たに85歳以上を超高齢期（oldest-old）として区分することが提唱された（Rosenwaike, 1985; Suzman et al.,

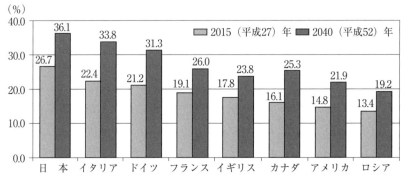

資料：日本の値は，平成27年は「人口推計」，52年は「日本の将来推計人口（平成24年1月推計）」出生（中位）死亡（中位）推計（国立社会保障・人口問題研究所）から作成
　　　他国は，*World Population Prospects: The 2015 Revision*（United Nations）の中位推計値より作成
注：日本は，平成27年は9月15日現在，52年は10月1日現在　他国は，各年7月1日現在
出典：総務省統計局，2015

図13-1　高齢者人口の割合の国際比較

1992)。

　バルテスらも，70歳から100歳の高齢者を対象としたベルリン加齢研究に基づき，心身の機能が比較的良好な70〜84歳（第三期）と，機能低下が見られる85歳以上（第四期）を分けて考えることを提案している（Baltes, 1998; Baltes & Mayer, 1999）。また，エリクソンの発達段階は8つに分かれているが（第2章図2-1），妻ジョウンによる最晩年の論考では，老衰に向き合う80代以降の人びとを対象に，第9段階「老年的超越」が加えられている（Erikson & Erikson, 1997）。

　こうして見てくると，社会の高齢化，そして研究の進展に伴い，徐々に老年期の見直しが進んできたと言える。人によっては人生の中で最も長い時間を過ごす可能性のある時期であり，一括りにまとめて議論するのではなく，より細やかに見ていくことの必要性が認識されるようになったと言えるだろう。

(3) 老　化

　「長寿」という言葉に象徴されるように，平均寿命が短かった時代は，長生きは貴重であり，めでたいことであった。先述したように日本の平均寿命は男女とも80歳を超えているが，自立して生活を営める健康寿命は，男性で71.19歳，女性で74.21歳とされる（厚生労働省，2014）。このことは，何らかの形で人の世話を必要とする期間が，男性で約9年，女性で約12年に及ぶことを示している。

　中年期には体力の衰えや視力の低下，白髪の増加や記憶力の低下などとして感じられた老化現象が，老年期に入ると，さまざまな面に広がってくる。身体の機能は，①反応系（感覚・神経・運動），②個体保存系（消化・呼吸・循環・泌尿），③種族保存系（生殖），④調節系（神経性調節，液性調節［ホルモン］），⑤生体防御系（免疫）に分けられるが，30代か

ら徐々に各機能の低下が生じているという（保志，1997）。一方で，老化には体質や生活習慣などによる個人差も大きいと言われる。

　5つの機能のうち，最も早期に老化が現れ，かつ急速に進むのが，①反応系である。具体的には，視力や聴力の低下のほか，思考や判断のスピードの低下，転倒や骨折のしやすさといった変化が生じる。③種族保存系の機能は，老年期にはすでにその役割を終えており，健康上の影響は少ないが，②個体保存系と④調節系の機能が著しく衰退すると，死につながるとされる。また，⑤生体防御系の低下は疾患の罹りやすさと関連している。

　こうした老化現象は，子どもの成長と同様，人の目につきやすいため，かつては「老年期＝衰退」という見方が一般的であり，加齢は否定的に受け取られる傾向にあった。しかし，研究が進むにつれ，健康に留意した生活を送ることで，身体機能を維持したり，疾病を予防したりできることや，加齢とともに心理面にも肯定的な変化が見られることが明らかとなり，老年期の見方や発達観を変えることにつながった。

2．認知能力の発達

（1）流動性知能と結晶性知能

　1960年代以降，バルテスらが中心となって，老年期の知能の理論的・実証的解明が進められ，老年期の発達の可塑性や獲得的側面が明らかにされるようになった。

　1930年代から50年代にかけて実施された研究では，知能は20歳前後でピークを迎え，それ以降徐々に低下すると言われていた（高橋・波多野，1990）。その後，知能概念の見直しや測定方法の多様化，研究方法の改善が進み，現在では知能の中身によって発達の仕方が異なることや，老年期にも維持されたり，伸びたりする能力があることが示されている。

早期に指摘されたのは，キャッテルが提唱した流動性知能と結晶性知能の発達である（Cattell, 1943; Horn, 1970）。流動性知能とは，文字や図形を使った関係の操作や推理（情報処理）を素早く行う力のことをさし，青年期にピークを迎える。一方，結晶性知能とは，経験を通して獲得された一般的知識や問題解決能力，言語能力を指し，70代まで伸び続けるとされる（図13-2）。

例えば，19歳から72歳のタイピストを対象とした研究では，単語やアルファベットのタイプは若い人のほうが速いものの，意味のある文章を打つ場合には，経験の豊かな人のほうが速いことが見出されている（Salthouse, 1984）。経験的に多くの文章表現が頭に蓄えられており，先を読むことができるのと，まとまりとして指を動かすことに長けているためとされる。

その後の研究によれば，流動性知能のすべてが，図13-2のように，青年期以降下がり続けるわけではないことも示されている。個別の事象から一般的な法則を導く「帰納的推論」など，流動性知能の中身によっては，成人期や老年期も比較的安定して保たれているという。そのほか，

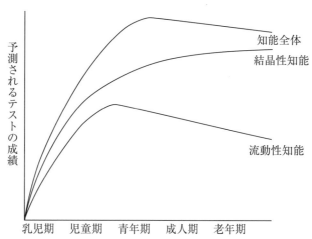

出典：高橋・波多野，1990，p.57；Horn, 1970一部改変

図13-2　流動性知能と結晶性知能の発達的変化のモデル

すべての知能が一律にじわじわと衰えるわけではなく，一部の機能がある時期急に衰えること，一部の機能が衰えたとしても他の機能は維持されていること，中年期から老年期にかけて知能が安定している人と，低下する人の個人差が大きくなってくること，などが明らかにされている（鈴木，2008）。

（2）SOC モデル

　加齢に伴う能力の伸びや維持は，特定分野における熟達化（第12章参照）の成果だけでなく，目標を精選し，自らの限られた資源（時間や労力）を効率的に配分し，うまくいくよう工夫するという戦略によるところも大きい。この適応戦略をバルテスらは①選択（Selection），②最適化（Optimization），③補償（Compensation）という３つの要素の頭文字を取って，SOC（補償を伴う選択的最適化）モデルと名付けた（Baltes et al., 1984）。

　①選択とは，自らの持てる資源を認識し，それをどこに振り向けるか（目標）を選択することである。この選択はさらに，「喪失に基づく選択」と「喪失を見越しての選択」に分けられる。②最適化とは，目標に対して資源配分の調整を行い，努力を継続することである。③補償とは，今までのやり方でうまくいかなくなったときに，新しいやり方を工夫することである。

　先述したタイピストのように，反応のスピードが鈍くなった分を蓄えた知識やスキルによって補うこともあれば，加齢によって指の動きが鈍くなったピアニストが，練習する曲を絞り込み，弾き方を工夫することで高いパフォーマンスを維持することもある。

　その後の研究では，SOC が認知能力の維持のみならず，人生をよりよく生きるため（後述するサクセスフル・エイジング）の戦略としても

用いられていること，SOCは成人期に最も活発に行われており，老年期にはそのうち「喪失を見越しての選択」がよく使われていることなどが明らかにされている（Freund & Baltes, 1998; 2002）。

（3）英知の獲得

　結晶性知能に近い概念として，バルテスらは英知についても研究を行っている。彼らは，英知を「人生にかかわる重要だが不確かな出来事に対するよい判断」と定義し，検討を行った（Baltes & Staudinger, 2000）。具体的には「15歳の女性が，好きな男性と今すぐに結婚したいと言っています。それについてどうすべきだと思いますか」といった質問を投げかけ，その回答を次の5つの評価基準に沿って分析する。①事例に関する知識，②ノウハウに関する知識，③発達環境についての知識，④相対性の考慮，⑤不確実性への理解，である。これらの評価基準に沿って英知を測定してみると，単純に年齢とともに増加するとは言えず，自らの過去を振り返り，人生経験を内省することが，英知を高めることが示唆されている（鈴木，2008）。

　このように，老年期には経験を積むこと，内省することで伸びる力があり，また衰えた力を上手に補うことによって適応していることもわかってきた。近年では，訓練による高齢者の認知機能の向上・維持も確認されている（Willis et al., 2006）。しかしながら，認知能力の獲得や維持が生じるのは主に70代までであり，80代に入ると認知能力は低下し始め（岩佐ら，2005），死の数年前には知能の急激な低下が生じることが示唆されている（Baltes & Labouvie, 1973）。認知能力の低下は，高齢者の日常生活を困難にするばかりでなく，経済被害に遭う確率も高めるため（安田，2011），社会的なサポートの充実が求められている。

3. サクセスフル・エイジング

(1) サクセスフル・エイジングとは

　サクセスフル・エイジングは，老年期を健やかに過ごすためにはどうしたらよいか，に関する研究から生まれた概念である。サクセスフル・エイジングに関する初期の論考では，2つの対立する理論があった。すなわち，老年期も成人期と同じだけの活動をできるだけ長く続けることが望ましいとする活動理論と，活動から徐々に離れていくほうが望ましいとする離脱理論である。ハヴィガースト（Havighurst, 1961）は，サクセスフル・エイジングの定義や測定方法が多様であることを指摘したうえで，活動と離脱のどちらが望ましいかはパーソナリティによって異なるとした。その後，ニューガーテン（Neugarten, 1972）は，サクセスフル・エイジングの鍵となるのは人生満足度であり，それにはパーソナリティのほか，健康や収入，社会的つながりなども影響するため，エイジングのプロセスは個人差が大きいと論じた。このように，個人のパーソナリティや過去の経験との連続性を重視する見方を，継続性理論と呼ぶ（Atchley, 1989）。

　1980年代に，脳科学，遺伝学，疫学，社会学，心理学，医学などの学際的な研究者集団によって，サクセスフル・エイジングに関する大規模な実証研究が開始された。この研究では，サクセスフル・エイジングを，①病気や障害のリスクの最小化，②心身の機能の維持，③社会との関わりの継続，と定義したうえで，心理的機能の維持には，遺伝のほか，教育や運動，自己効力感が影響していることを見出した（Rowe & Kahn, 1998）。

（2）加齢に伴う肯定的な変化

　エイジングの個人差に着目が集まる一方で，加齢とともに共通して見られる肯定的な変化も明らかにされるようになった。例えば，自己や自分の人生に対する肯定的な感情は，成人期から老年期にかけて上昇，もしくは維持されることが示されている（唐澤，2012；松岡，2006；高橋・波多野，1990）。

　また，パーソナリティには生涯を通じた安定性が見られる一方，誠実性や調和性，情緒的安定性といった肯定的特性は，加齢とともに高まる傾向にある（Funder, 2010; Roberts et al., 2006）。さらに，他者への寛容性や許しの気持ちも老年期に高まることが示されている（Girard &

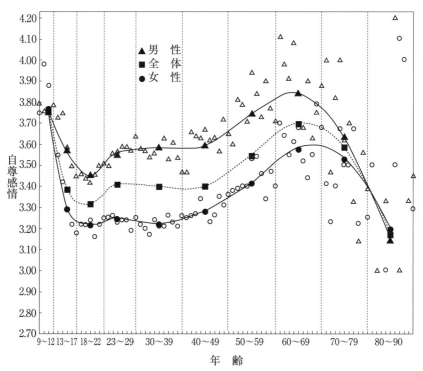

注：△は各年齢ごとに見た男性の平均値，○は各年齢ごとに見た女性の平均値を表している。
出典：Robins et al., 2002

図13-3　年齢区分ごとに見た自尊感情

Etienne, 1997; Graham & Weiner, 1991)。

　ロビンズら（Robins et al., 2002）は，ウェブ調査により人種や国籍，社会階層の異なる32万人以上の自尊感情を調べ，年齢による違いを検討した。その結果，自尊感情は10代から20代初めにかけて低下する一方，40代後半から上昇し60代でピークを迎えることが示された（**図13-3**）。また，50代以降は年齢ごとのばらつきが大きくなることや，10代から見られた性差が，70代以降縮小することも示されている。

　第1章で述べたように，サクセスフル・エイジングの発想の根幹には，人間を環境に順応するだけの受動的な存在としてではなく，自ら環境に働きかけ，目標に向かって環境を紡ぎだす能動的な存在とみなす人間観がある。自らの生きる環境を主体的に制御する力は，成人期を通して増す傾向にあり，それに伴って自己や人生に対する肯定的感情も高まってくるものと思われる。実際，先述したSOC方略を用いる高齢者ほど，幸福感や肯定的感情が高く，孤独感が低いことが示されている（Freund & Baltes, 1998）。また，限られた人生を意義のあるものにしようとする情動的制御が，年齢とともに強くなることも関係していると言われる（Cartensen et al., 2003; Charles et al., 2003）。

　しかしながら，認知能力と同様，肯定的変化が生涯続くわけではない。環境を制御する力は徐々に弱まるため，それを補うために，自分の見方や考え方を制御することが必要になってくる（竹村・仲, 2013）。さらに，健康寿命を超えると，自分自身を制御する力も低下するため，どうしても否定的感情を経験しやすくなる（東, 2012）。ロビンズらの研究でも，自尊感情が70代後半から低下することが示されており，健康をはじめとする喪失体験が老年期（特に後期）の心理に否定的な影響を及ぼすことが示唆されている。

4. 人生の統合

（1）インテグリティと知恵

　老年期は，自らの身体的・心理的な老い，職業的アイデンティティの喪失，経済的な不安，社会的活動の狭まり，近親者との別れといった衰退や喪失を経験しながら，やがて訪れる死への準備をする時期でもある。

　エリクソンは，この時期の発達課題を「インテグリティ　対　絶望」と表現している。インテグリティ（統合）とは，「自分の唯一の人生周期を，そうあらねばならなかったものとして，またどうしても取替えを許されないものとして受入れること」と定義されている（Erikson, 1950）。喪失体験が重なると，悲しみや後悔が先に立ち，自分の人生が無意味なものに感じられたり，不安や絶望感を感じたりすることがあるかもしれない。しかし，最終的に「よく生きた」と自分の人生を受け入れることができたとき，統合が達成され，知恵が獲得されるという。この知恵とは，「死そのものに向き合う中での，生そのものに対する聡明かつ超然とした関心」と定義される（Erikson et al., 1986; Erikson & Erikson, 1997）。

　第2節で述べたバルテスによる英知とエリクソンのいう知恵は，英語ではどちらも"wisdom"である[1]。両者は定義こそ違うものの，響き合う部分もあり，いずれも人生経験を振り返ることが重要であるという点において共通している。高齢者の心理療法に回想法（ライフレビュー）を取り入れたバトラー（Butler, 1963）によれば，回想を通して抑うつや不安の低下，有能感やアイデンティティ感覚の向上が見られたという。同様の効果は，日本でも確認されている（河合ら, 2013）。

　家族であれ，友人であれ，専門家であれ，「よい聴き手」の存在は，

高齢者が人生を統合するのを助ける（守屋，2006）。自分の人生を統合できると，死への恐れも少なくなる（Fortner & Neimeyer, 1999）。実際，死を恐れる気持ちは，青年期から中年期にかけて強くなる一方，健康な高齢者ではあまり見られないという（Gesser et al., 1987-88; Shimonaka & Nakazato, 1989）。人によっては，さらに「老年的超越」へと至り，物質的・合理的な視点を離れ，神秘的・超越的な視点から，死を親しいものとみなすようになるとされる（Erikson & Erikson, 1997）。

(2) 時代と老い

　最後に，日本を代表する映画監督の小津安二郎（1900-60）の作品を通して，老年期の知恵のあり方を探ってみたい。彼の晩年の作品にしばしば登場するテーマは，「喪失」や「不在」である（やまだ，2004；吉田，1998）。例えば，戦死した息子，病死した幼子，結婚して巣立つ娘，配偶者の死，一家の主の死，家族の離散などが，あるときは表立って，あるときはそれとなく物語に織り込まれている。喪失に対して，若い登場人物はしばしば葛藤するが（例えば映画《早春》《東京物語》），老いた登場人物は，諦観と寛容によって喪失を受け入れる（例えば映画《秋日和》《東京物語》《秋刀魚の味》）。こうした姿に，エリクソンが指摘する知恵の具体的なあり方を見てとることができるのではないだろうか。

　現代では，このような知恵や諦観を獲得する機会は限られつつあるのかもしれない。生も死も，自宅や近所で経験することはまれになり，多くは病院で管理されるようになった。人によっては，身辺の自立や意思の疎通が困難になってから長い時間を過ごす可能性もある。長期にわたる介護は，介護する側の精神的・身体的負担を強め（杉原ら，1998），介護される高齢者にも影響を与えうることから，社会的な支援体制の充実が望まれる。

発達の最終段階は，誰にとっても死である。本書では，発達における主体的制御の役割を強調してきたが，死に至るプロセス（老いること，病むこと，世話や介護をされること）では，その力は徐々に小さくなっていくものと思われる。ブロンフェンブレンナーの理論に示されているように（第2章図2-2），個人の発達は，入れ子構造をなす周囲の環境と複雑に関わり合っている。周りの人びととの関係（マイクロシステム），受けられる医療・福祉サービス（エクソシステム），誰がどのような世話をする／受けるべきかに関する文化的信念（マクロシステム），個人の生活史や社会歴史的条件（クロノシステム）などとの相互作用によって，一人ひとりに固有の老いや死が訪れることだろう。そして，その死は関わりのあった人びとに悲しみをもたらす一方，人間的成長を促し（東村ら，2001），次世代の生き方を形づくるのに貢献していくと思われる。

　エリクソンが指摘したように，発達は歴史的相対性とともにある（Erikson & Erikson, 1997）。今後も少子高齢化が進むと予測される中，発達の理論や知見（特に老年期）については，さらに検討され，見直しが進められていくことになるだろう。

注

1）訳書によっては前者を「知恵」，後者を「英知」と訳しているものもある。

引用文献

- Atchley R. C. (1989). A continuity theory of normal aging. *The Gerontologist*, 29, 183-190.
- 東洋 (2012). 幸福感尺度の概念的妥当化―唐澤論文へのコメント― 心理学評論, 55, 152-155.
- Baltes, P. B. (1998). The psychology of the oldest-old: The Fourth Age. *Current Opinion in Psychiatry*, 11, 411-415.
- Baltes, P. B., Dittmann-Kohli, F., & Dixon, R. A. (1984). New perspective on the development of intelligence in adulthood : Toward a dual-process conception and a model of selective optimization with compensation. In P. B. Baltes., & O. G. Brim, Jr. (Eds.), *Life-Span Developmental Psychology (Vol.6)* New York : Academic Press. Pp.34-76.
- Baltes, P. B., & Labouvie, G. V. (1973). Adult development of intellectual performance: Description, explanation, modification. In C. Eisdorfer & M. P. Lawton (Eds.), *The Psychology of Adult Development and Aging*. Washington, DC: American Psychological Association. Pp.157-219.
- Baltes, P. B., & Mayer, K. U. (Eds.) (1999). *The Berlin Aging Study : Aging from 70 to 100*. New York: Cambridge University Press.
- Baltes, P. B., & Staudinger, U. M. (2000). Wisdom : A metaheuristic (pragmatic) to orchestrate mind and virtue toward excellence. *American Psychologist*, 55, 122-136.
- Butler, R. N. (1963). The life review: An interpretation of reminiscence in the aged. *Psychiatry*, 26, 65-76.
- Carstensen, L. L., Fung, H., & Charles, S. (2003). Socioemotional selectivity theory and the regulation of emotion in the second half of life. *Motivation and Emotion*, 27, 103-123.
- Cattell, R. B. (1943). The measurement of adult intelligence. *Psychological Bulletin*, 40, 153-193.
- Charles, S. T., Mather, M., & Carstensen, L. L. (2003). Aging and emotional memory: The forgettable nature of negative images for older adults. *Journal of*

Experimental Psychology: General, 132, 310-324.
- Erikson, E. H.（1950）. *Childhood and Society*. New York : Norton.（エリクソン，E. H. 仁科弥生（訳）（1980）. 幼児期と社会1　みすず書房）
- Erikson, E. H., & Erikson, J. M., & Kivnick, H. Q.（1986）. *Vital Involvement in Old Age*. New York：Norton.（エリクソン，E. H., エリクソン，J. M., キヴニック，H. Q. 朝長正徳・朝長梨枝子（訳）（1990）. 老年期：生き生きしたかかわりあい　みすず書房）
- Erikson, E. H., & Erikson, J. M.（1997）. *The Life Cycle Completed : A Review (Expanded Edition)*. New York : Norton.（エリクソン，E. H., エリクソン，J. M. 村瀬孝雄・近藤邦夫（訳）（2001）. ライフサイクル，その完結〈増補版〉　みすず書房）
- Fortner, B. V., & Neimeyer, R. A.（1999）. Death anxiety in older adults: A quantitative review. *Death Studies*, 23, 387-411.
- Funder, D. C.（2010）. *The Personality Puzzle (5th edition)*. New York: Norton.
- Freund, A. M., & Baltes, P. B.（1998）. Selection, optimization, and compensation as strategies of life-management: Correlations with subjective indicators of successful aging. *Psychology and Aging*, 13, 531-543.
- Freund, A. M. & Baltes, P. B.（2002）. Life-management strategies of selection, optimization, and compensation : Measurement by self-report and construct validity. *Journal of Personality and Social Psychology*, 82, 642-662.
- Gesser, G., Wong, P. T. P., & Reker, G. T.（1987-88）. Death attitudes across the life-span: The development and validation of the Death Attitude Profile（DAP）. *Omega*, 18, 109-124.
- Girard, M., & Etienne, M.（1997）. Forgiveness in adolescents, young, middle-aged, and older adults. *Journal of Adult Development*, 4, 209-220.
- Graham, S., & Weiner, B.（1991）. Testing judgments about attribution-emotion-action linkages: A lifespan approach. *Social Cognition*, 9, 254-276.
- Havighurst, R. J.（1961）. Successful aging. *The Gerontologist*, 1, 8-13.
- 東村奈緒美・坂口幸弘・柏木哲夫・恒藤暁（2001）. 死別経験による遺族の人間的成長　死の臨床，24，69-74.
- Horn, J.（1970）. Organization of data on life-span development of human

- abilities. In R. Goulet and P.B. Baltes（Eds.）, *Life-span Developmental Psychology: Research and Theory*. New York: Academic Press. Pp.423-426.
- 保志宏（1997）．ヒトの成長と老化〔第3版〕てらぺいあ
- 岩佐一・権藤恭之・古名丈人・小林江里香・稲垣宏樹・杉浦美穂・増井幸恵・阿部勉・藺牟田洋美・本間昭・鈴木隆雄（2005）．身体的に自立した都市部在宅超高齢者における認知機能の特徴　板橋区超高齢者悉皆訪問調査から［第2報］日本老年医学会雑誌，42，214-220．
- 唐澤真弓（2012）．幸福なエイジング―文化比較研究からみえてくること―　心理学評論，55，137-151．
- 河合千恵子・新名正弥・高橋龍太郎（2013）．虚弱な高齢者を対象とした心理的QQL向上のためのライフレビューとライフストーリーブック作成プログラムの効果　老年社会科学，35，39-48．
- 厚生労働省（2014）．平成26年版厚生労働白書
- 厚生労働省（2016）．平成27年簡易生命表の概況
- 松岡弥玲（2006）．理想自己の生涯発達―意味の変化と調節過程を考える―　教育心理学研究，16，45-54．
- 守屋慶子（2006）．中・高年期からの心理的発達―「適応」から「創造」へ―　立命館文學，594，1050-1066．
- Neugarten, B. L.（1972）. Personality and the aging process. *The Gerontologist*, 12, 9-15.
- Neugarten, B. L.（1974）. Age groups in American society and the rise of the young-old. *Annals of the American Academy of Political and Social Science*, 415, 187-198.
- Roberts, B. W., Walton, K. E., & Viechtbauer, W.（2006）. Patterns of mean-level change in personality traits across the life course: A meta-analysis of longitudinal studies. *Psychological Bulletin*, 132, 1-25.
- Robins, R. W., Trzesniewski, K. H., Tracy, J. L., Gosling, S. D., & Potter, J.（2002）. Global self-esteem across the life span. *Psychology and Aging*, 17, 423-434.
- Rosenwaike, I.（1985）. A demographic portrait of the oldest old. *The Milbank Memorial Fund Quarterly. Health and Society*, 63, 187-205.
- Rowe, J. W., & Kahn, R. L.（1998）. *Successful Aging*. New York: Pantheon Books.

（ローウェ，J. W., カーン, R. L. 関根一彦（訳）（2002). 年齢の嘘　日経BP社）
- Salthouse, T. A. (1984). Effects of age and skill in typing. *Journal of Experimental Psychology: General*, 13, 345-371.
- Shimonaka, Y., & Nakazato, K. (1980). Psychological characteristics of Japanese aged: A comparison of Sentence Completion Test responses of older and younger adults. *Journal of Gerontology*, 35, 891-898
- 総務省統計局（2015).　統計からみた我が国の高齢者（65歳以上）―「敬老の日」にちなんで―
- 杉原陽子・杉澤秀博・中仲陽明・柴田博（1998).　在宅介護老人の主介護者のストレスに対する介護期間の影響　日本公衆衛生雑誌, 45, 320-335.
- Suzman, R. M., Willis, D. P., & Manton, K. G. (1992). *The Oldest Old*. New York: Oxford University Press.
- 鈴木忠（2008).　生涯発達のダイナミクス：知の多様性　生きかたの可塑性　東京大学出版会
- 高橋惠子・波多野誼余夫（1990).　生涯発達の心理学　岩波書店
- 竹村明子・仲真紀子（2013).　身体や健康の衰退に調和するための高齢者の対処：二次的コントロール理論を基に　発達心理学研究, 24, 160-170.
- やまだようこ（2004).　小津安二郎の映画『東京物語』にみる共存的ナラティブ　質的心理学研究, 3, 130-156.
- 安田朝子（2011).　経済被害の実態：アルツハイマー型認知症の人とその家族が経験する経済被害　老年精神医学雑誌, 22, 781-791.
- 吉田喜重（1998).　小津安二郎の反映画　岩波書店
- Willis, S. L., Tennstedt, S. L., Marsiske, M., Ball, K., Elias, J., Koepke, K. M., Morris, J. N., Rebok, G. W., Unverzagt, F. W., Stoddard, A. M., & Wright, E. (2006). Long-term effects of cognitive training on everyday functional outcomes in older adults. *The Journal of the American Medical Association*. 296, 2805-2814.

参考文献

- Erikson, E. H., & Erikson, J. M. (1997). *The Life Cycle Completed : A Review* (*Expanded Edition*). New York : Norton.（エリクソン，E. H., エリクソン，J. M. 村瀬孝雄・近藤邦夫（訳）(2001)．ライフサイクル，その完結〈増補版〉 みすず書房）
- 鈴木忠（2008）．生涯発達のダイナミクス：知の多様性　生きかたの可塑性　東京大学出版会
- 髙橋惠子・波多野誼余夫（1990）．生涯発達の心理学　岩波書店

14 | 発達と環境：メディアの影響

向田久美子

《目標＆ポイント》 発達に関与する環境要因にはさまざまなものがある。本章では，日々の生活に欠かせない電子メディア（テレビやゲーム，インターネットなど）を中心に，それらが子どもの攻撃性や社会性，認知能力，心身の健康に及ぼす影響について考察する。また，子どもを取り巻く大人に何ができるかを考える。
《キーワード》 電子メディア，攻撃性，社会性，認知能力，健康，メディア・リテラシー

1. 電子メディアの普及と利用状況

　19世紀末に開発された電子メディアは，20世紀から21世紀にかけて加速度的に変化を遂げてきた。全体的な傾向としては，①大きな装置（固定型）から小さな装置（モバイル型）へ，②集団での利用からパーソナルな利用へ，③一方向的な情報提供から双方向的なやりとりへ，④一つのメディア利用からマルチ・タスキング（複数メディアの同時利用）へ，⑤機能の向上や複合化，といった変化が指摘できるだろう。
　とりわけ，21世紀に入ってからのインターネットの普及，スマートフォンやタブレット端末の出現の効果は大きく，いつでもどこでも情報収集や発信，映像や音楽の視聴，ゲーム，撮影，買い物などを楽しむことができるようになった。また，文字を媒介としないアイコンやタッチパネルの存在は，小さな子どもでもインターネットにアクセスすることを

可能にした。

　それでは、子どもたちは実際、どの程度電子メディアを利用しているのだろうか。テレビやゲーム、DVDに関しては、0～3歳児は一日あたり3～4時間、4～6歳児は2時間半～3時間半、小学生は2時間半～3時間程度利用しているという結果が見出されている（ベネッセ教育総合研究所、2007、NHK放送文化研究所、2010；2015）。乳幼児に関しては、過去20年ほどあまり大きな変動は見られないが、小学生に関しては、2000年以降、テレビの視聴時間が減少傾向にある。

　中高生においてもテレビの視聴時間は減少しつつあり、平均視聴時間は一日1時間半～2時間となっている（ベネッセ教育総合研究所、2006；2014a）。その分増加しているのが、インターネット利用である。中高生のほとんどが何らかの形でアクセスしており、平均して平日約2時間、休日約3時間利用している（**図14-1**）。その大半は、メールやSNS（ソーシャル・ネットワーキング・サービス）などのコミュニケーション目的で使用されているという。また、テレビを見ながらスマートフォンを操作したり、音楽を聴きながらパソコンで宿題をしたりと、マルチ・タスキングも増えてくる。

　先述したように、今世紀に入ってから、子どものメディア利用はテレ

注：平均時間は、「しない」を0、「15分くらい」を0.25、「30分くらい」を0.5…「5時間くらい」を5、「5時間より多い」を6として算出している（無回答は除く）。
出典：ベネッセ教育総合研究所、2014a

図14-1　インターネットやメールをする時間

ビやビデオの視聴からインターネット利用（動画，ゲーム，コミュニケーション，情報収集など）へと比重を移しており，今後はその低年齢化が予測される。生まれたときからスマートフォンやタブレット端末が身近にあるということは，簡単に，時間を選ばず，多様な内容にアクセスできることを示しており，これまで以上に，子どもの発達に影響を及ぼす可能性があると思われる（鈴木，2014）。

　どのメディアをどの程度使うかは，時代や環境によって変化するが，先行研究で繰り返し確認されているのは，子どものメディア利用は家庭の影響を受けるということである（向田，2003）。例えば，親がテレビ好きだと子どもの視聴時間も長い。また，家でテレビがつけっぱなしだったり，子ども部屋にメディア機器があったりすると，子どもの利用時間は長くなる。一方，親がメディア利用について，ルールを決め，それを守るよう促していると，子どもの利用時間は短くなる（ベネッセ教育総合研究所，2014b；NHK 放送文化研究所，2010；Rideout et al., 2006；2010）。

　こうした日常生活と切り離せない電子メディアは，子どもの発達にどのような影響を与えているのだろうか。日進月歩のメディアに発達研究が追いついていない面もあるが，次節以降，これまでの研究で明らかにされていることを概観する。メディアの影響を議論する際には，メディアの種類（テレビ，ゲームなど），内容（教育的，暴力的，商業主義的など），利用者の特性（発達段階，性格など）を切り分けて考えることが重要である（森，2003）。近年は多機能型のメディアが増え，利用内容も多様化しており，このような切り分けが難しくなってきているが，本章では，最も多いテレビとゲームの研究を中心に，攻撃性や社会性，認知能力，健康に与える影響について考察する。

2. 発達への影響

(1) 攻撃性

　メディアの影響研究の中で，最も多く研究されているのが，暴力的な映像が子どもの攻撃性に及ぼす影響である。古典的な研究としては，バンデューラの実験がよく知られている（Bandura et al., 1963a）。幼児に暴力的な映像を見せる群と見せない群を作り，その後の行動を観察すると，前者のほうにより攻撃的な行動が多く見られることがわかった（第3章参照）。さらに，暴力映像の終わりに主人公がご褒美を得る報酬条件，罰を受ける罰条件，何の映像も見ない群（統制群）の3群を比較したところ，自由遊びでの攻撃行動は，罰条件や統制群よりも報酬条件で多く見られた（図14-2）。これらの結果から，バンデューラは，攻撃行動の学習は，代理強化（自分以外の人に与えられる賞罰）を含め，モデルの行動を観察し，模倣することによって生じるという社会的学習理論を唱えた（Bandura, 1973）。

　バンデューラの実験は，暴力映像の短期的な影響を実証したものであ

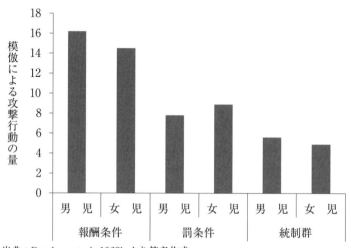

出典：Bandura et al., 1963b より筆者作成

図14-2　バンデューラの模倣実験の結果

るが，その後，長期的な影響の検討や比較文化的研究も積み重ねられている。縦断研究（Huesmann & Eron, 1986; Huesmann et al., 2003）や，多くの研究を統合したメタ分析（Anderson et al., 2010; Christensen & Wood, 2007; Paik & Comstock, 1994）によれば，テレビやゲームの暴力的な映像への接触は，男女ともに，弱いながらも攻撃性を高めることが示されている。さらに，より年少の子どもほど，またメディアへの没入感や登場人物への同一視が強いほど影響が大きく，その効果が成人期にまで及ぶことも明らかにされている。

　このような結果から言えるのは，子ども時代に暴力的なメディアに多く接することは，攻撃行動パターンの学習とともに，攻撃行動に関する特有の認知構造（スクリプトやスキーマなど）を発達させ，後々悪影響を及ぼす可能性があるということである。しかしながら，実際の攻撃行動の発現には，メディア接触だけでなく，個人のもともとの攻撃性，家庭環境，仲間関係，その時々の状況など，多様な要因が関わっていることも忘れてはならないだろう。

　近年は，SNSの普及により，インターネットがいじめや攻撃行動のツールとして使われることも増えている。鈴木（2013）は，ネットを使用した仲間内攻撃行動（表14-1）の出現率が，ネットを使用しない攻撃行動ほど多くはないものの，小学生から高校生にかけて徐々に増加することを見出している（表14-2）。

　インターネットを使った攻撃行動は，対面による攻撃行動と異なり，匿名性が高く（加害者が特定されにくい），瞬時に広がるほか，被害者の苦しみが加害者に伝わらないなどの特徴があり，世界的にその悪影響が懸念されている（Barlett & Gentile, 2012; Patchin & Hinduja, 2006）。

(2) 社会性

　社会的学習理論に従えば，子どもがメディアから反社会的な行動を学ぶのであれば，協力や援助，思いやりといった向社会的な行動を学ぶ可能性もあることになる。このテーマに関する研究も近年増加しており，弱いながらもメディアの一定の効果が見出されている。すなわち，向社会的な内容のメディア（テレビ，ゲーム，音楽，映画など）への接触は，

表14-1　ネットを使用した仲間内攻撃行動

行為	具体的な行動
挑発行為，敵意的言語表現	・ネット上で，同じ学校の人をからかった
迷惑行為	・メール（パソコンや携帯電話）で，同じ学校の人に悪口を送信した
迷惑行為のより悪質なもの，犯罪行為	・ネット上で，同じ学校に人に，危ない目にあわせると言った
中傷行為	・ネット上に，同じ学校の人の事実とは異なる情報を書き込んだ
なりすまし	・ネット上で，同じ学校の人になりすまして，その人が困るような情報を書き込んだ
個人情報の暴露	・ネット上で，同じ学校の人の住所や電話番号の情報を，特に許可を得ずに掲載した
仲間はずれ	・同じ学校の一人だけメールを送らなかった
暴力行為の撮影	・同じ学校の人が身体的，精神的に傷つくようなことをされているシーンを撮影し，ネット上に掲載した
同じ学校の仲間へのネットいじめの呼びかけ	・ネット上で，同じ学校の仲間に，「Aさん（同じ学校の人）に話しかけないようにしよう」などと呼びかけた ・ネット上で，同じ学校の仲間に，「Bさん（同じ学校の人）を友だちリストからはずそう」などと呼びかけた

出典：鈴木，2013

表14-2　ネットを使用した加害行動経験率とネットを使用しない加害行動経験率

	小学生 （1,270名）	中学生 （3,092名）	高校生 （1,751名）
ネットを使用した加害行動経験	1.2%	3.5%	6.7%
ネットを使用しない加害行動経験	28.5%	35.4%	31.2%

出典：鈴木，2013

短期的にも長期的にも向社会的行動を促す傾向があるという（Anderson et al., 2000; Gentile et al., 2009; Greitemeyer, 2011; Mares & Woodard, 2005）。一方で，暴力的なメディアへの接触は，共感性や向社会的行動を抑制する方向に働くとされる（Anderson et al., 2010）。

このように，内容によっては肯定的な影響が見出されているが，ゲームやインターネットなどの総利用時間が増えると，実際に人と関わる機会が減り，社会的不適応につながるのではないかとの懸念（けねん）もしばしば出されている。メディア利用の増加が，他の活動時間（遊び，読書，勉強，運動，睡眠，人との交流など）を奪い，結果的に何らかの影響をもたらすという見方は，置き換え理論と呼ばれる（Anderson et al., 2001）。

実際に，ゲームやインターネットに依存している青少年は，先進国では1割弱いるという（Gentile, 2009; Gentile et al., 2011; 総務省, 2013）。こうした依存傾向は，メディアそのものの特性による面もあるが，他の要因（いじめや疎外感など）が引き金となって，メディア利用が増加する面もあるようである（箕浦，2014；渋谷，2011）。

このように複合的要因によって悪影響がもたらされるケースもあるが，全般的に見ると，幼児や児童の社会性に及ぼすメディアの悪影響は確認されておらず（菅原ら，2008；酒井ら，2013），むしろゲームの利用が中学生の対人不安を減少させたり（井堀ら，2002），ゲームやインターネットが子どもたちの仲間関係を維持したり，広げたりするのに使われている（ベネッセ教育総合研究所，2014a；NHK 放送文化研究所，2005）。これからのことからすると，内容を選び，限られた時間利用するのであれば，メディアは社会性に肯定的な効果をもつ可能性があると言えるだろう。

（3）認知能力

　認知能力の概念には，幅広い内容が含まれるが，ここでは学力を中心に議論する。メディアの総利用時間と学力との間にはしばしば負の関連が見られるが（ベネッセ教育総合研究所，2014a；Rideout et al., 2010；坂元，1992），相関関係があるだけでは因果の方向性はわからない。因果関係を特定するためには，実験や縦断研究が必要となる（第3章参照）。

　アメリカの小学生を対象にした縦断研究によれば，適度なコンピュータの利用は子どもの学力にプラスに働く一方，長時間のゲーム利用は女児の学力にマイナスに働くことが示されている（Hofferth, 2010）。また，幼児期の終わりから4年間追跡調査を行ったドイツの研究によれば，テレビの長時間視聴者はそうでない視聴者に比べて，読解力の伸びが低かったという（Ennemoser & Schneider, 2007）。日本の縦断研究でも，2歳以降のテレビ視聴時間の増加が，小学4～5年生の国語力に否定的な影響をもたらす一方，読書量の増加は国語力に肯定的な影響をもたらすことが示されている（工藤ら，2014）。また，テレビを見ながら宿題をすることは，注意の分散を招き，概して成果が低いことも示されている（Pool et al., 2000）。

　これらはメディアの種類や使い方による違いを検討しているが，接触する内容によっても違いが見られる（Hastings et al., 2009）。例えば，暴力的な映像や大人向け番組の視聴は子どもの学力を下げる方向に働くが（Huesmann & Eron, 1986），子ども向け教育番組の視聴は，幼児（特に低所得層）の知的能力の向上に寄与することが示されている（Ennemoser & Schneider, 2007; Wright et al., 2001）。とりわけ，アメリカでは「セサミ・ストリート」の効果研究が数多くなされており，幼児期の視聴が子どもの語彙や読み，計算能力などを高めるほか（Fisch et al., 1999)，高校生になったときの学力や創造性にも総じて肯定的な効果をもつことが示されている（Anderson et al., 2001）。

　以上のことから，攻撃性や社会性と同様，認知能力への影響においても，利用時間とともに使い方や内容に気をつけることが重要だと言えるだろう。近年は，学習場面におけるコンピュータやインターネットの利用が増加しているほか，漢字や計算，外国語や歴史，環境問題など，教育を目的としたゲームソフトの開発も進んでいる（渋谷，2011）。子どもの個性や発達段階，興味によっては，こうしたソフトを有効に活用することもできるだろう。

（4）健　康

　メディアと健康に関しては，日本では視力への影響がしばしば話題にのぼるが，子どもを対象とした実証研究はあまり見られない。本節では，研究が比較的多くなされている睡眠，肥満，ボディイメージへの影響について概説する。

　まず，睡眠に関しては，メディア利用の多さと子どもの睡眠の問題（不規則な睡眠時間，就寝時間の遅さ，夜泣き，起床困難，睡眠不足など）に関連があることが明らかにされている（Hofferth, 2010；箕浦，2014；Owens et al., 1999; Paavonen et al., 2006）。幼児の場合は，夜のメディア利用や日中の暴力的な映像の視聴が，睡眠の問題を引き起こしやすいという（Garrison et al., 2011）。

　こうした睡眠にまつわる問題は，結果として，子どもの日中のQOL（生活の質）を低下させ，行動や健康，学習面に問題を引き起こす恐れがある（神川，2008）。また，縦断研究により，中学・高校時代のメディア利用の多さが，20代の睡眠の問題につながっていることも示されており（Johnson et al., 2004），長期的・累積的な影響にも留意が必要だ

と思われる。

　また，メディア利用時間の長さは，子どもの肥満のリスクを高める（Casiano et al., 2012; Danner, 2008）。そのメカニズムとしては，メディア利用による身体活動の不活発，利用時のカロリー摂取，食品広告の影響などが指摘されている（Robinson, 2001）。確かに，長時間のメディア利用は肥満につながりやすいが，最近は身体活動を促すゲーム（エクサゲーム）も開発され，運動不足や肥満の解消に貢献しているという報告もある（Chamberlin & Maloney, 2012）。

　メディアでは食品に関する宣伝が多くなされる一方で，痩身と減量が大切であるというメッセージも流される（Hogan, 2012）。テレビやゲーム，雑誌，広告などの内容分析によれば，メディアには容姿のよい痩せた人が多く登場し，男性の場合は筋肉質が，女性の場合は若さや性的魅力が強調される傾向にあるという（相良，2003；Scharrer, 2012）。こうしたメディアへの接触は，理想的なボディイメージの内面化につながり，若い男女の身体不満を高めるとともに（Barlett et al., 2008; Groesz et al., 2002），摂食行動（ダイエット）にも影響を及ぼしている（Grabe et al., 2008）。近年はその影響が低年齢（5～8歳）児にも見られるなど（Dohnt & Tiggemann, 2006），成長期にある子どもの健康への悪影響が危惧されている。なお，ボディイメージに関しては，メディア接触のみならず，仲間の影響もあることが示されている。

3. メディアとのつきあい方

　メディアに関するこれまでの研究成果をまとめると，良質な内容を短時間利用することは発達に肯定的な影響をもたらすが，長時間に及ぶ利用や暴力的な内容への接触は否定的な影響をもたらすということである。メディアの悪影響を防ぎ，利点を生かすには，どうすればよいのだ

ろうか。ここでは3つの方策を提言したい。

　まず一つめは環境設定と習慣形成である。先述したように，家庭環境の影響は決して小さくないため，子どもが幼いうちは，親が子どもの環境に配慮したり，子どもが利用している内容をチェックしたり，利用のルールを決めたり，親自身も自覚的にメディアを使用したりする必要がある。メディアに子守りをさせることは，その場しのぎにはなっても，長い目で見ると悪影響をもたらす可能性があるため，短時間にするか，良質な内容を選ぶなどの対応が求められるだろう。

　親による配慮は，子どもの健全なメディア習慣の形成につながる。乳幼児期に身につけたメディア利用の習慣は，その後も持続しやすい一方で（Christakis & Zimmerman, 2006），思春期以降の厳しいメディア制限は逆効果につながることが示されている（Nathanson, 2002）。このことからも，幼い時期からの対応が肝要だと言えるだろう。

　次に，メディア・リテラシーの育成があげられる。メディア・リテラシーとは，子ども自身がさまざまなやり方でメディアにアクセスし，内容を分析し，評価し，自らも創り出す力のことをさす（Arke, 2012）。メディア・リテラシーの育成は，学校教育や社会教育を中心に議論されることが多いが，親による媒介の効果も認められている（Chakroff & Nathanson, 2008）。媒介とは，子どもと一緒にメディアの内容について話し合ったり，子どもの質問に答えたり，解説したりすることをさす。メディアをめぐる親子間のコミュニケーションは，メディア・リテラシーのみならず，幼児期の社会性や児童期のQOLの向上にもつながることが示唆されている（長谷川・坂元，2012）。

　最後に，親や教師を支援する方策の充実をあげておきたい。メディアの変化は著しく，かつ若い世代ほど吸収が早い。親や教師は後追い状態となり，子どものメディア環境を理解しづらくなるため，大人への情報

提供とともに，フィルタリング機能（子どもにふさわしくない内容へのアクセス制限など）の充実が求められる。

　実際，児童期の終わりごろから，インターネット上のトラブルの経験が増えてくるが，その認識には親子でギャップがあるという。特に高校生では，保護者の認識では5割だが，本人の回答では6割近くがトラブルを経験していると答えている（内閣府，2014）。具体的な内容は，個人情報の流出，誹謗中傷やいじめ，浪費，不当な代金請求，性的被害などである（総務省，2016）。ネット上で起きている問題を理解し，対処しやすくするためにも，親や教師への情報提供が必要と言えるだろう。

　メディアの歴史を見るとわかるように，新しいメディアが登場するときは，必ずと言っていいほどその悪影響を憂慮する声が上がる。また旧種のメディアは新種のメディアに利用者の多くを奪われるが，すべてが廃れてしまうわけでもない。そして，各種メディアは娯楽や情報源としてのみならず，教育や治療，訓練といった目的にも活用されている。

　子どもの発達や個性に応じた保護，媒介，ルールづくりを通して，また時には子どもから教えてもらいながら，徐々に子どもがメディアの自立した使い手になれるよう援助していくことが，大人の果たす役割ではないかと思われる。

引用文献

- Anderson, C. A., Shibuya, A., Ihori, N., Swing, E. L., Bushman, B. J., Sakamoto, A., Rothstein, H. R., & Saleem, M. (2010). Violent video game effects on aggression, empathy, and prosocial behavior in Eastern and Western countries: A meta-analytic review. *Psychological Bulletin*, 136, 151-173.
- Anderson, D. R., Bryant, J., Wilder, A., Santomero, A., Williams, M., & Crawley, A. M. (2000). Researching Blue's Clues: Viewing behavior and impact. *Media Psychology*, 2, 179-94.
- Anderson, D. R., Huston, A. C., Schmitt, K. L., Linebarger, D. L., & Wright, J. C. (2001). Early childhood television viewing and adolescent behavior: The recontact study. *Monographs of the Society for Research in Child Development*, 66, pp.1-154. New York: Wiley.
- Arke, E. T. (2012). Media literacy: History, progress and future hopes. In K. Dill (Ed.), *Oxford Handbook of Media Psychology*. Oxford, UK: Oxford University Press. Pp.96-108.
- Bandura, A. (1973). *Aggression: A Social Learning Analysis*. Englewood Cliffs, NJ: Prentice-Hall.
- Bandura, A., Ross, D., & Ross, S.A. (1963a). Imitation of film-mediated aggressive models. *Journal of Abnormal and Social Psychology*, 66, 3-11.
- Bandura, A., Ross, D., & Ross, S.A. (1963b). Vicarious reinforcement and imitative learning. *Journal of Abnormal and Social Psychology*, 67, 601-607.
- Barlett, C. P., & Gentile, D. A. (2012). Attacking others online: The formation of cyberbullying in late adolescence. *Psychology of Popular Media Culture*, 1, 123-135.
- Barlett, C. P., Vowels, C. L., & Saucier, D. A. (2008). Meta-analyses of the effects of media images on men's body-image concerns. *Journal of Social and Clinical Psychology*, 27, 279-310.
- ベネッセ教育総合研究所（2006）．第4回学習基本調査・国内調査　速報版
- ベネッセ教育総合研究所（2007）．乳幼児のメディア視聴に関する調査研究
- ベネッセ教育総合研究所（2014a）．中高生のICT利用実態調査　2014

- ベネッセ教育総合研究所（2014b）．第1回乳幼児の親子のメディア活用調査報告書
- Casiano, H., Kinley, D. J., Katz, L. Y., Chartier, M. J., & Sareen, J. (2012). Media use and health outcomes in adolescents: Findings from a nationally representative survey. *Canadian Academy of Child Adolescent Psychiatry*, 21, 296-301.
- Chakroff, J. L., & Nathanson, A. I. (2008). Parent and school interventions: Mediation and media literacy. In S. L. Calvert & B. J. Wilson (Eds.), *The Handbook of Children, Media, and Development*. Malden, MA: Wiley-Blackwell Publishing. Pp. 552-576.
- Chamberlin, B., & Maloney, A. (2012). Active video games: Impacts and research. In K. Dill (Ed.), *Oxford Handbook of Media Psychology*. Oxford, UK: Oxford University Press. Pp.316-333.
- Christakis, D.A., & Zimmerman, F.J. (2006). Early television viewing is associated with protesting turning off the television at age 6. *Medscape General Medicine*, 8, 63.
- Christensen, P. N., & Wood, W. (2007). Effects of media violence on viewers' aggression in unconstrained social interaction. In R. W. Preiss, B. M. Gayle, N. Burrell, M. Allen, & J. Bryant (Eds.), *Mass Media Effects Research: Advances through Meta-Analysis*. Mahwah, NJ: Lawrence Erlbaum Pp.145-168.
- Danner, F. W. (2008). A national longitudinal study of the association between hours of TV viewing and the trajectory of BMI growth among US children. *Journal of Pediatric Psychology*, 33, 1100-1107.
- Dohnt, H., & Tiggemann, M. (2006). The contribution of peer and media influences to the development of body satisfaction and self-esteem in young girls: A prospective study. *Developmental Psychology*, 42, 929-936.
- Ennemoser, M., & Schneider, W. (2007). Relations of television viewing and reading: Findings form a 4-year longitudinal study. *Journal of Educational Psychology*, 99, 349-368.
- Fisch, S. M., Truglio, R. T., & Cole, C. F. (1999). The impact of Sesame Street on preschool children: A review and synthesis of 30 years' research. *Media Psychology*, 1, 165-190.

- Garrison, M. M., Liekweg, K., & Christakis, D. A. (2011). Media use and child sleep: The impact of content, timing, and environment. *Pediatrics*, 128, 29-35.
- Gentile, D. A. (2009). Pathological video-game use among youth ages 8 to 18: A national study. *Psychological Science*, 20, 594-602.
- Gentile, D. A., Anderson, C. A., Yukawa, S., Ihori, N., Saleem, M. Ming, L. K., Shibuya, A., Liau, A. K., Khoo, A., Bushman, B. J., Huesmann, L. R., & Sakamoto, A. (2009). The effects of prosocial video games on prosocial behaviors: International evidence from correlational, longitudinal, and experimental studies. *Personality and Social Psychology Bulletin*, 35, 752-763.
- Gentile, D.A., Choo, H., Liau, A., Sim, T., Li, D., Fung, D., & Khoo, A. (2011). Pathological video game use among youths: A two-year longitudinal study. *Pediatrics*, 127, 319-329.
- Grabe, S., Ward, L. M., & Hyde, J. S. (2008). The role of the media in body image concerns among women: A meta-analysis of experimental and correlational studies. *Psychological Bulletin*, 134, 460-476.
- Greitemeyer, T. (2011). Effects of prosocial media on social behavior: When and why does media exposure affect helping and aggression. *Current Directions in Psychological Science*, 20, 251-255.
- Groesz, Levine, M. P., & Murnen, S. K. (2002). The effect of experimental presentation of thin media images on body satisfaction: A meta-analytic review. *International Journal of Eating Disorders*, 31, 1-16.
- 長谷川真理・坂元章 (2012). 子どものメディアライフとQOL　菅原ますみ（編著）子ども期の養育環境とQOL　金子書房　Pp.67-80.
- Hastings, E. C., Karas, T. L., Winsler, A., Way, E., Madigan, M., & Tyler, S. (2009). Young children's video/computer game use: Relations with school performance and behavior. *Issues in Mental Health Nursing*, 30, 638-649.
- Hofferth, S. L. (2010). Home media and children's achievement and behavior. *Child Development*, 81, 1598-1619.
- Hogan, M. J. (2012). Parents and other adults: Models and monitors of healthy media habits. In D. G. Singer, & J. L. Singer (Eds.), *Handbook of Children and the Media* (2nd edition). Thousand Oaks, CA: Sage. Pp.661-680.

- Huesmann, L. R., & Eron, L. D. (1986). *Television and the Aggressive Child: A Cross-national Comparison.* Hillsdale, NJ: Erlbaum.
- Huesmann, L. R., Moise-Titus, J., Podolski, C., & Eron, L. D. (2003). Longitudinal relations between children's exposure to TV violence and their aggressive and violent behavior in young adulthood: 1977-1992. *Developmental Psychology*, 39, 201-221.
- 井堀宣子・坂元章・井出久里恵・小林久美子 (2002). テレビゲーム使用がシャイネスに及ぼす影響 —中学生の縦断データの分析— 性格心理学研究, 11, 54-55.
- Johnson, J. G., Cohen, P., Kasen, S., First, M. B., & Brook, J. S. (2004). Association between television viewing and sleep problems during adolescence and early adulthood. *Archives of Pediatrics and Adolescent Medicine*, 158, 562-568.
- 神川康子 (2008). 子どもの教育と睡眠 白川修一郎・堀忠雄 (監修) 日本睡眠改善協議会 (編集) 基礎講座 睡眠改善学 ゆまに書房 Pp.79-93.
- 工藤玲・田島祥・向田久美子・坂元章 (2014). テレビ接触量・テレビ視聴量と読書時間が子どもの国語の学力に与える影響：構造方程式モデル分析と潜在曲線モデル分析による検討 "子どもに良い放送"プロジェクトフォローアップ調査中間報告第11回調査報告書 NHK放送文化研究所 Pp. 77-93.
- Mares, M. L. & Woodard, E. (2005). Positive effects of television on children's social interactions: A meta-analysis. *Media Psychology*, 7, 301-322.
- 箕浦康子 (2014). 子どもの健康とメディア：肥満と疲労感を中心に "子どもに良い放送"プロジェクトフォローアップ調査中間報告第11回調査報告書 NHK放送文化研究所 Pp. 103-123.
- 森津太子 (2003). メディア研究を人間発達の視点から考える 坂元章 (編著) メディアと人間の発達 学文社 Pp.226-239.
- 向田久美子 (2003). メディアと乳幼児 坂元章 (編著) メディアと人間の発達 学文社 Pp.2-22.
- 内閣府 (2014). 平成25年度青少年のインターネット利用環境実態調査結果 (概要)
- Nathanson, A. I. (2002). The unintended effects of parental mediation of television on adolescents. *Media Psychology*, 4, 207-230.
- NHK放送文化研究所 (2005). "子どもに良い放送"プロジェクト 第2回調査

報告書
- NHK 放送文化研究所（2010）．"子どもに良い放送"プロジェクト　第7回調査報告書
- NHK 放送文化研究所（2015）．"子どもに良い放送"プロジェクト　第12回調査報告書
- Owens, J., Maxim, R., McGuinn, M., Nobile, C., Msall, M., & Alario, A.（1999）. Television-viewing habits and sleep disturbance in school children. *Pediatrics*, 104, e27.
- Paavonen, E. J., Pennonen, M., Roine, M., Valkonen, S., & Lahikainen, A. R.（2006）. TV exposure associated with sleep disturbances in 5- to 6-year-old children. *Journal of Sleep Research*, 15, 154-161.
- Paik, H., & Comstock, G.（1994）. The effects of television violence on antisocial behavior: A meta-analysis. *Communication Research*, 21, 516-546.
- Patchin, J., & Hinduja, S.（2006）. Bullies move beyond the schoolyard: A preliminary look at cyberbullying. *Youth Violence and Juvenile Justice*, 4, 148-169.
- Pool, M. M., van der Voort, T. H. A., Beentjes, J. W. J., & Koolstra, C. M.（2000）. Background television as an inhibitor of performance on easy and difficult homework assignments. *Communication Research*, 27, 293-326.
- Rideout, V, J., Hamel, E., & Kaiser Family Foundation.（2006）. *The Media Family: Electronic Media in the Lives of Infants, Toddlers, Preschoolers and Their Parents*. Kaiser Family Foundation.
- Rideout, V, J., Foehr, U. G., & Roberts, D. F.（2010）. *Generation M^2: Media in the Lives of 8- to 18-Year-Olds*. Kaiser Family Foundation.
- Robinson, T. N.（2001）. Television viewing and childhood obesity. *Pediatric Clinics of North America*, 48, 1017-1025.
- 相良順子（2003）．テレビとジェンダー　坂元章（編著）メディアと人間の発達　学文社　Pp.58-74.
- 酒井厚・菅原ますみ・一色伸夫（2013）．児童期の子どもの社会性に関わる要因の検討：家庭内外のメディア生活に注目して　"子どもに良い放送"プロジェクト　第10回調査報告書　NHK 放送文化研究所　Pp.103-108.

- 坂元章（1992）．子供のテレビゲーム使用と社会的発達—共感性・協同性・認知的複雑性・攻撃性・戦争観・学級内地位・成績— お茶の水女子大学人文学部紀要，45, 169-186.
- Scharrer, E. L.（2012）. Representation of gender in media. In K. Dill（Ed.）, *Oxford Handbook of Media Psychology*. Oxford, UK: Oxford University Press. Pp.264-287.
- 渋谷明子（2011）．テレビゲームとパーソナリティ 坂元章（編著）メディアとパーソナリティ ナカニシヤ出版 Pp.37-68.
- 総務省（2013）．青少年のインターネット利用と依存傾向に関する調査 調査結果報告書
- 総務省（2016）．平成27年度版総務省調査研究「インターネット利用におけるトラブル事例等に関する調査研究」
- 菅原ますみ・向田久美子・酒井厚・一色伸夫・坂元章（2008）．子どもの社会性・言語コミュニケーション能力とテレビ接触との関連 "子どもに良い放送" プロジェクト 第5回調査報告書 NHK放送文化研究所 Pp.69-75.
- 鈴木佳苗（2013）．携帯電話・ネット使用がいじめに影響する？ 道徳教育，655, 12-15.
- 鈴木忠（2014）．心と環境はどのように応答し合うのか 鈴木忠・西平直志（著）生涯発達とライフサイクル 東京大学出版会 Pp.49-93.
- Wright, J. C., Huston, A. C., Murphy, K. C., St. Peters, M., Pinon, M., Scantlin R., & Kotler, J（2001）. The relations of early television viewing to school readiness and vocabulary of children from low-income families: The Early Window Project. *Child Development,* 72, 1347–1366.

参考文献

- 坂元章（編著）（2003）．メディアと人間の発達 学文社

15 | 発達と環境：文化の影響

向田久美子

《目標＆ポイント》 1980年代の終わりごろから，心理学研究における文化的背景の重要性が再認識されるようになり，新たに文化心理学という学問領域が誕生した。本章では，人の発達する過程において文化の影響がどのような形で見られるのか，文化心理学の研究成果をもとに概説する。
《キーワード》 発達と文化，文化的自己観，子育て，教育，文化的産物

1. 発達と文化

　従来の心理学では「人間の心の働きは普遍的である」ことを前提として，実証的・理論的研究が進められてきた。しかしながら，1960年代以降，発達心理学や社会心理学で提示された理論が，必ずしもすべての文化圏の人びとに当てはまるものではないことが示され，その限界や偏りが指摘されるようになった（北山，1997）。

　例えば，ピアジェの理論（第2章参照）で言えば，課題によっては成人でも形式的操作期に達していない人がいたり，路上の物売りで精度の高い計算をしてみせる子どもが，学校のテストで出されるような抽象的な計算問題は解けなかったりする（Carraher et al., 1985）。こうした比較文化的知見から，認知能力は，すべての領域において同じように発達するのではなく，領域によって発達の仕方が異なるという領域固有性の概念が生まれた（第8章参照）。

　また，ストレンジ・シチュエーション法によるアタッチメントの分類

（第5章参照）に関しても，議論が重ねられている。最も望ましいとされる安定型（Bタイプ）には，ほとんどの文化圏で5～7割の子どもが該当する一方，それ以外のタイプの出現率には文化差が見られる。**表15-1**に示すように，西洋諸国（特にドイツ）では回避型（Aタイプ）が多いのに対し，日本やイスラエルではアンビバレント型（Cタイプ）が多い。

この結果は，ストレンジ・シチュエーション法の一定の妥当性とともに，限界点を示していると思われる。ドイツのように早くから自立を促し，親子が離れて過ごすことが多い文化圏と，日本のように親子が密着して過ごすことが多い文化圏では，母子分離という状況のもつ意味が異なり，それが子どもの行動の違いとなって現れたと考えられる（Grossmann et al., 1981; Takahashi, 1986）。

さらに，ピアジェの道徳性研究を発展させたコールバーグ（Kohlberg, 1969）の理論にも批判が出された（第9章参照）。彼が提示した道徳性の発達段階（第9章**表9-1**）のうち，「水準3：脱慣習の水準」に基づ

表15-1 アタッチメント・パターンの出現率（%）

	回避型 （Aタイプ）	安定型 （Bタイプ）	アンビバレント型 （Cタイプ）
イギリス	22.2	75.0	2.8
ドイツ	35.3	56.6	8.1
オランダ	26.3	67.3	6.4
スウェーデン	21.6	74.5	3.9
アメリカ	21.1	64.8	14.1
イスラエル	6.8	64.4	28.8
日　本	5.2	67.7	27.1
中　国	25.0	50.0	25.0

出典：van IJzendorn & Kroonenberg, 1988より筆者作成

く判断は，アジア圏（インドや日本）ではあまり見られないことが示されている（Shweder et al., 1987; 山岸，1995）。また，同じ文化圏（アメリカ）の中からも異論が出され，道徳的判断において正義や公正さを優先するのは主に男性であり，女性はケア（他者への配慮）を優先して判断する傾向があると主張された（Gilligan, 1982）。

　こうした研究成果が積み重ねられるにつれ，人間の発達や学習のプロセスは必ずしも普遍的なものとは言えず，文化的文脈を考慮することの重要性があらためて認識されるようになった。

2. 文化的自己観

　文化差を理解する枠組みとして，心理学では個人主義と集団主義（Hofstade, 1980; Triandis, 1995）が主軸となって研究が展開されてきた。個人主義とは個人の達成や獲得を重視する傾向をさし，集団主義とは，個人よりも集団の目標や集団内の調和を優先する傾向をさす。しかし，その後の研究で日本人が必ずしも集団主義的ではないなど，この枠組みに当てはまらない結果も多数見出されるようになった（Oyserman et al., 2002; 高野，2008）。また，この二分法には，個人主義が集団主義よりも優れているというニュアンスが含まれていたほか，個人主義に該当するのは西洋（特に北米と北西ヨーロッパ）であり，それ以外はすべて集団主義とするなど，欧米先進国を中心とした見方であった（波多野・高橋，1997）。

　近年では，そうした優劣の価値から離れた枠組みとして，マーカスと北山が提唱した文化的自己観がよく用いられている（Markus & Kitayama, 1991）。文化的自己観とは，特定の文化圏内で歴史的に作り出され，社会的に共有されている暗黙の人間観であり，その文化に属する人びとの感情や認知，行動を方向づけるとされる。第7章の図7-1

に示されているように，西洋では自己を周囲とは切り離された独立した主体とみなす相互独立的自己観が優勢であるのに対し，東洋では自己を他の人や周囲と結びついた関係志向的存在とみなす相互協調的自己観が優勢となっている。

　文化的自己観の違いは，さまざまな行動の違いとなって現れる（**表15-2**）。概して，相互独立的自己観が優勢な文化圏では，個人の独自性や自己表現，自己実現に重きが置かれるのに対して，相互協調的自己観が優勢な文化圏では，他者との調和や関係性，場に応じたふるまいが重視される傾向にある。

　例えば，アイエンガーら（Iyenger & Lepper, 1999）が，アジア系アメリカ人とヨーロッパ系アメリカ人の小学生を対象に行った研究では，アジア系の子どもは近しい他者（母親やクラスメート）が選んだ課題に対して，ヨーロッパ系の子どもは自分で選んだ課題に対してより長く取り組み，かつ成績もよいという結果が得られている。

　同様の傾向は，東ら（1981）が日米で行った縦断研究においても示さ

表15-2　相互独立的自己観と相互協調的自己観

比較事項	相互独立	相互協調
定　義	社会的文脈から分離	社会的文脈に依存
構　造	境界明確，統合，安定	柔軟，変化
重要な特徴	内的，個人的 （能力，思考，感情）	外的，公的 （地位，役割，関係）
課　題	ユニークであること 自己表現 内的属性の実現 自己目標の推進 直接的，心を表現する	所属，あてはまり 自分の分を守る 適切な行動 他者の目標を推進 間接的，他者の心を読む
他者の役割	自己評価：社会比較の対象として。反映的評価	自己定義：ある文脈での他者との関係が自己を定義する
自尊感情の基礎	自己表現の能力，内的属性の確証能力	適応能力，自己抑制能力 社会的文脈との調和維持能力

出典：Markus & Kitayama, 1991; 池上・遠藤，2008, p.279

れている。アメリカでは幼児期に自分で面白いと思った課題に熱心に取り組む（自主的選好性の高い）子どものほうが小学校での成績がよいのに対し，日本では与えられた課題に辛抱づよく取り組む（受容的勤勉性の高い）子どものほうが，後の成績がよくなっていた。さらに，図15 - 1に示すように，幼児期の母親の関わり方や信念が小学校高学年での子どもの成績に与える影響は，日本では比較的強く見られるが，アメリカ

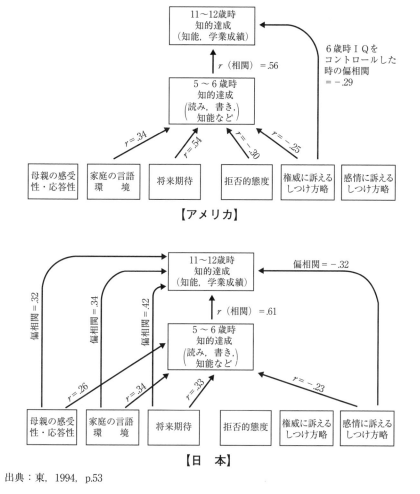

出典：東，1994，p.53

図15 - 1　就学前の母親変数が子どもの知的発達に与える影響

ではあまり見られない（東，1994）。これらのことからすると，子どもの学習意欲や成績を左右する要因には文化差があり，東洋（特に東アジア）では他者との関係性が，西洋（特に北米）では個人の興味や能動性がより大きく作用していると言えるだろう。

3．子育て・教育に見る文化差

　文化に特有の行動パターンは，家庭生活や学校教育，社会経験を通して，知らず知らずのうちに身についていくものと考えられる。本節では，子育てや教育の文化差について検討する。

　母親の乳児への語りかけの日米比較を行ったファーナルドらは（Fernald & Morikawa, 1993），日本では情緒的・社会的な話しかけが多いのに対し，アメリカでは説明的な話しかけが多いことを見出している。また，日本では母子の身体的な接触時間が長いが，アメリカでは接触時間が短く，その分言語的（特に説明的な）働きかけが多いという（Caudill & Weinstein, 1969; 波多野・高橋，1997）。第7章の表7-1で見たように，子どもが言うことを聞かないときの対応に関しては，日本では子どもの気持ちに訴える方略が多く取られるのに対し，アメリカでは親の権威に訴える方略が多く取られる（東，1994）。

　幼児教育や小学校教育においても，同様の傾向が確認されている（Hayashi & Tobin, 2015; Tobin et al., 2009; 恒吉，1992；渡辺，2004）。すなわち，日本では，教え手と学び手が情緒的に一体化し，相手の気持ちや期待を察して，それに合わせて行動することが求められており，それを支える環境設定（集団目標，係分担，班活動，反省会，運動会など）も工夫されている。一方で，アメリカでは教え手と学び手は基本的に上下関係にあり，教師は論理（因果関係）や権威に訴えて子どもを教育・統制するとともに，子どもに言葉で自分の考えや感情を表現すること，

自ら選択することを頻繁に求める。それぞれの文化圏で求められる人間像の違い，また世代から世代へと継承された文化的慣習が，こうした働きかけの違いとなって現れていると思われる。

これまで日米比較研究を中心に述べてきたが，文化の単位は必ずしも国や地域に限定されるわけではない。これまでのところ，言語や宗教，生業（せいぎょう）（生計の手段），社会階層などによる行動の差が見出されている。このうち，社会階層に関しては，階層が高いほど個人の主体性や独自性を重んじる傾向があることが示されている（Stephens et al., 2007）。また，欧米圏からは同じとみなされがちな東アジア圏内においても差が見られる（第7章，第9章参照）。例えば，日本と中国の学校は子どもの集団活動が多いという点では共通しているが，中国では教師の権威による統制が強く，日本では仲間同士による相互規制が中心となっている（Dien, 1999; 恒吉, 1992）。また，幼児に言葉で表現することを求める傾向は中国やアメリカで強く見られるが，日本ではさほど見られない（Tobin et al., 2009）。こうした知見は，「西洋　対　東洋」といった慣習的な二分法に頼るのではなく，文化差をより丁寧に見ていくことの必要性を示していると言えるだろう。

4. 文化的産物に見る文化差

子どもはしつけや教育の影響を受けるだけでなく，さまざまな文化的産物（絵本，漫画，アニメ，ドラマ，教科書，伝記，小説，映画，音楽など）からも影響を受ける。また，子どもの反応は文化的産物の生成に影響を及ぼし，やがて自らも文化的産物の創造や継承に携わることになる。本節では，文化的産物のうち，物語の構造に焦点を当てて，その文化差を検討する。

物語の構造やスクリプトに文化差があることは，バートレットの記憶

研究 (Bartlett, 1932) に示されるように，古くから指摘されていた。ただし，比較文化的観点から検討がなされるようになったのは最近のことである。

例えば，望ましい人間像や生き方を提示する教科書には，文化によって取り上げる内容に違いが見られる（第9章参照）。具体的には，主人公が問題にぶつかったときに自分を変える物語は，韓国や日本で多く見られるのに対し，自分ではなく周囲を変える物語は，中国やヨーロッパにおいて多く見られる（塘，2005；2008）。また，アメリカの絵本や教科書，伝記や小説には，サクセス・ストーリーやハッピーエンドが多いのに対し（増田・山岸，2010；McAdams, 2006），日本の小説には問題が未解決のまま終わったり，筋らしい筋がないものも多いと言われる（水村，1995）。

古くから口伝えで伝承されてきた物語（昔話）においても，同様の文化差が指摘されている。具体的には，ヨーロッパでは若い男女の英雄的な活躍とハッピーエンドが多い一方（河合，1982），日本では日々の無意図的な善行が（特に老人に）福をもたらすという穏やかなプロットが多く見られる（Mukaida, 2014）。また，あいまいなエンディング（偽終止）や話の短さも，日本の昔話の特徴としてあげられている（小澤，1999）。

アメリカと台湾のベストセラー絵本を比較した研究によれば，同じポジティブな感情であっても，アメリカの絵本では高揚感が，台湾の絵本では穏やかさが強調されているという（Tsai et al., 2007）。

これらの知見を総合すると，中国を除く東アジア圏の物語では，主に穏やかな感情や受動性，あいまいさが，欧米圏の物語では躍動感や能動性，因果律や成功が，それぞれ強調されており，子どもたちに「人間とはこういうものだ」，「人生とはこういうものだ」と伝えているものと思

われる（東，1997）。

こうした物語上に見る文化差は，現代を生きる人びとの語り（ナラティブ）にも反映されている（Polkinghorne, 1991）。例えば，日米の小学生に同じ四コマ漫画を見せ，出来事を語ってもらうという研究では，アメリカでは因果律を重視した語りが，日本では時系列に沿った語りが多くなっている。この差は，両文化圏の歴史観や教育実践の違いを反映しているという（渡辺，2004）。

また，日中米の大学生に，自分の過去や将来について作文を書いてもらうと，日本では具体的な行動や結果よりも，自分の置かれた状況や内面を短くあいまいに綴る傾向が見られる。中国では苦楽を伴いながら上昇をめざす道筋が詳しく語られるのに対し，アメリカでは否定要素に触れず，肯定的な結末（ハッピーエンド）を強調する語り口が優勢となっている（Mukaida et al., 2010）。これらの結果も，上述した既存の物語の文化差を，部分的に反映していると言えるだろう。

ほかにも，第12章で紹介したマクアダムス（McAdams, 2006）のアメリカ人成人の語りにも，既存の物語（ピューリタン神話や伝記など）との共通性が指摘されている。こうした点からすると，人は既存の物語を土台としつつ，それらを取り入れたり，修正したり，時に反発したりしながら，自己や出来事についての語りのパターンを身につけていくものと考えられる（Gjerde, 2004；McAdams & Pals, 2006）。

5．発達段階と文化の影響

最後に，文化と発達段階との関連について考察する。第2章で示したように，バルテスら（Baltes et al., 1980）は，幼い頃の発達には年齢的要因が大きく，青年期になると歴史・文化的要因が強くなり，成人期を過ぎると個人的要因が強くなるという仮説を提示している（第2章図2

-4)。

　このテーマに取り組んだ研究の一つが,箕浦(1990)による文化間移動をした子どもの研究である。彼女は,日本からアメリカに渡った子ども,アメリカから日本に戻った子どもとその家族へのインタビューを通して,文化に固有の意味体系を獲得する時期が9～14,15歳ごろであることを見出した。異文化体験には,認知と行動,情緒の三側面があるが,異文化に参入する年齢が高いほど,認知や行動レベルでは対応できても,情緒レベルでは違和感が残るという。

　時代はかなりさかのぼるが,1872年に日本人初の女子留学生としてアメリカに渡った5人のうち,6歳の津田梅子と9歳の永井繁子,10歳の山川捨松が当地で10年以上過ごし,大学まで卒業したのに対し,留学時に14歳を超えていた2人の女性は,体調を崩して早々に帰国したという(大庭,1993)。個人的な要因もあるかもしれないが,現在よりもはるかに文化の壁が厚かった時代に,年少者のほうが適応したという事実は,箕浦の説を裏付ける例になるのではないかと思われる。一方で,異文化に適応した分だけ,母文化に戻ったときのカルチャー・ショックも大きくなることを忘れてはならないだろう。

　同様に,児童期から青年期にかけて文化的信念や価値が身についてくることを示した研究に,ミラー(Miller, 1984)が行った道徳的判断の研究がある。一般に,原因帰属に関する研究では,アジアでは状況要因に,北米では個人要因に帰属する傾向があるとされるが(増田・山岸,2010),インドとアメリカでの調査の結果,こうした文化差が15歳ごろから見られることが示されている。また,「塞翁が馬」という故事成語に象徴されるように,中国文化圏では将来を予測しにくいものとみなす傾向があるが(Ji et al., 2001),こうした傾向は11歳ごろから顕著になってくるという(Ji, 2008)。

さらに，マーカスらが提唱した文化的自己観（Markus & Kitayama, 1991）の個人差について検討した高田（2004）は，日本的特徴とされる相互協調性が日本の高校生と大学生で最も強く見られる一方，成人期には低下することを見出している。同じ尺度を用いて日米比較を行ったところ，成人期と老年期の相互独立性には文化差が見られなかったという。語りの発達的変化を検討した研究でも，青年期に見られた文化差が，中年期に入ると小さくなることが示唆されている（向田，2009）。

　これらの知見は，バルテスらの生涯発達モデルを裏付けるものと言えるだろう。すなわち，文化的な意味体系を獲得し，それに沿った行動様式が表面化してくるのは，児童期の後半から思春期にかけてであり，青年期でピークを迎え，成人期以降は弱まっていく可能性があると考えられる。

　近年は，上述した行動観察やインタビュー，実験，調査，内容分析といった伝統的な研究手法のみならず，遺伝子や脳内基盤の文化差を検討する文化神経科学というアプローチも台頭してきている。今後は，進化や適応といった観点からも，文化と発達の関係が検討されていくことになると思われる。

引用文献

- 東洋（1994）．日本人のしつけと教育　東京大学出版会
- 東洋（1997）．日本人の道徳意識：道徳スクリプトの日米比較　柏木惠子・北山忍・東洋（編著）文化心理学：理論と実証　東京大学出版会　Pp.88-108.
- 東洋・柏木惠子・ヘス，R. D.（1981）．母親の態度行動と子どもの知的発達：日米比較研究　東京大学出版会
- Baltes, P. B., Reese, H. W., & Lipsitt, L. P. (1980). Life-span developmental psychology. *Annual Review of Psychology*, 31, 65-100.
- Bartlett, F. C. (1932). *Remembering: A Study in Experimental and Social Psychology*. Cambridge: Cambridge University Press.（バートレット，F. C. 宇津木保・辻正三（訳）（1983）．想起の心理学：実験社会心理学における一研究　誠信書房）
- Carraher, T. N., Carraher, D. W., & Schliemann, A. D. (1985). Mathematics in the streets and in schools. *British Journal of Developmental Psychology*, 3, 21-29.
- Caudill, W., & Weinstein, H. (1969). Maternal care and infant behavior in Japan and America. *Psychiatry*, 32, 12-43.
- Dien, D. S. (1999). Chinese authority-directed orientation and Japanese peer-group orientation: Questioning the notion of collectivism. *Review of General Psychology*, 3, 372-385.
- Fernald, A., & Morikawa, H. (1993). Common themes and cultural variations in Japanese and American mothers' speech to infants. *Child Development*, 64, 637-656
- Gilligan, C. (1982). *In a Different Voice: Psychological Theory and Women's Development*. Cambridge, MA: Harvard University Press.（ギリガン，C. 岩男寿美子（訳）（1986）．もうひとつの声：男女の道徳観のちがいと女性のアイデンティティ　川島書店）
- Gjerde, P. F. (2004). Culture, power, and experience: Toward a person-centered cultural psychology. *Human Development*, 47, 138-157.
- Grossmann, K. E., Grossmann, K., Huber, F., & Wartner, U. (1981). German children's behavior towards their mothers at 12 months and their fathers at 18

months in Ainsworth's Strange Situation. *International Journal of Behavioral Development*, 4, 157-181.
- 波多野誼余夫・高橋惠子（1997）．文化心理学入門　岩波書店
- Hayashi, A., & Tobin, J. (2015). *Teaching Embodied: Cultural Practice in Japanese Preschools*. Chicago: The University of Chicago Press.
- Hofstede, G. (1980). *Culture's Consequences: International Differences in Work-Related Values*. Beverly Hills, CA: Sage Publications.
- 池上知子・遠藤由美（2008）．グラフィック社会心理学［第2版］　サイエンス社
- Iyenger, S., & Lepper, M. R. (1999). Rethinking the value of choice：A cultural perspective on intrinsic motivation. *Journal of Personality and Social Psychology*, 76, 349-366
- Ji, L. (2008). The leopard cannot change his spots, or can he?: Culture and the development of lay theories of change. *Personality and Social Psychology Bulletin*, 34, 613-622.
- Ji, L., Nisbett, R. E., & Su, Y. (2001). Culture, change, and prediction. *Psychological Science*, 12, 450-456.
- 河合隼雄（1982）．昔話と日本人の心　岩波書店
- 北山忍（1997）．文化心理学とは何か　柏木惠子・北山忍・東洋（編著）文化心理学：理論と実証　東京大学出版会　Pp.17-43.
- Kohlberg, L. (1969). Stage and sequence: The cognitive developmental approach to socialization. In D. Goslin (Ed.), *Handbook of Socialization Theory and Research*. Chicago: Rand McNally.
- Markus, H. R., & Kitayama, S. (1991). Culture and the self: Implications for cognition, emotion, and motivation. *Psychological Review*, 98, 224-253.
- 増田貴彦・山岸俊男（2010）．文化心理学［上］　培風館
- McAdams, D. P. (2006). *The Redemptive Self: Stories Americans Live by*. New York: Oxford University Press.
- McAdams, D. P., & Pal, J. L. (2006). A new big five: Fundamental principles for an integrative science of personality. *American Psychologist*, 61, 204-217.
- Miller, J. C. (1984). Culture and the development of everyday social explanation. *Journal of Personality and Social Psychology*, 46, 961-978.

- 箕浦康子（1990）．文化の中の子ども　東京大学出版会
- 水村美苗（1995）．私小説　from left to right　新潮社
- 向田久美子（2009）．自由記述に見る成人期の将来展望（2）―日本と中国のライフ・スクリプトの比較―　日本発達心理学会第20回大会論文集　p.456
- Mukaida, K. (2014). Happiness and agency in folktales: A comparison between Europe, China, and Japan. *Paper presented at the 23rd Biennial Meeting of the International Society for the Study of Behavioural Development*, Shanghai, China.
- Mukaida, K., Azuma, H., Crane, L. S., & Crystal, D. S. (2010). Cultural scripts in narratives about future life: Comparisons among Japanese, Chinese and American students. パーソナリティ研究, 19, 107-121.
- 大庭みな子（1993）．津田梅子　朝日新聞社
- Oyserman, D., Coon, H. M., & Kemmelmeier, M. (2002). Rethinking individualism and collectivism: Evaluation of theoretical assumptions and meta-analyses. *Psychological Bulletin*, 128, 3-72.
- 小澤俊夫（1999）．昔話の語法　福音館書店
- Polkinghorne, D. E. (1991). Narrative and self-concept. *Journal of Narrative and Life History*, 1, 135-153.
- Shweder, R.A., Mahapatra, M., & Miller, J. G. (1987). Culture and moral development. In J. Kagan & S. Lamb (Eds.), *The Emergence of Morality in Young Children*. Chicago: The University of Chicago Press. Pp. 1-83.
- Stephens, N. M., Markus, H. R., & Townsend, S. S. M. (2007). Choice as an act of meaning : The case of social class. *Journal of Personality and Social Psychology,* 93, 814-830.
- Takahashi, K. (1986). Examining the Strange Situation procedure with Japanese mothers and 12-month-old infants. *Developmental Psychology*, 22, 265-270.
- 高野陽太郎（2008）．「集団主義」という錯覚：日本人論の思い違いとその由来　新曜社
- 高田利武（2004）．「日本人らしさ」の発達社会心理学：自己・社会的比較・文化　ナカニシヤ出版
- Tobin, J., Hsueh, Y., & Karasawa, M. (2009). *Preschool in Three Cultures Revisited: China, Japan, and the United States.* Chicago: The University of

Chicago Press.
- 塘　利枝子（2005）．アジアの教科書に見る子ども　ナカニシヤ出版
- 塘　利枝子（2008）．教科書に描かれた発達期待と自己　岡田努・榎本博明（編著）パーソナリティ心理学へのアプローチ　金子書房　Pp.148-166.
- Triandis, H. C. (1995). *Individualism and Collectivism*. Boulder, CO: Westview Press.（トリアンディス，H.C. 神山貴弥・藤原武弘（訳）(2002)．個人主義と集団主義：２つのレンズを通して読み解く文化　北大路書房）
- Tsai, J. L., Louie, J., Chen, E., & Uchida, Y. (2007). Learning what feelings to desire: Socialization of ideal affect through children's storybooks. *Personality and Social Psychology Bulletin*, 33, 17-30.
- 恒吉僚子（1992）．人間形成の日米比較　中公新書
- van IJzendoorn, M. H., & Kroonenberg, P. M. (1988). Cross-cultural patterns of attachment: A meta-analysis of the strange situation. *Child Development*, 59, 147-156.
- 渡辺雅子（2004）．納得の構造：日米初等教育に見る思考表現のスタイル　東洋館出版社
- 山岸明子（1995）．道徳性の発達に関する実証的・理論的研究　風間書房

参考文献

- 柏木惠子・北山忍・東洋（編）．(1997)．文化心理学：理論と実証　東京大学出版会
- 増田貴彦・山岸俊男（2010）．文化心理学［上］［下］　培風館

索 引

●配列は五十音順，＊は人名を示す。

●あ 行

アイゼンバーグ（Eisenberg, N.）＊　139
アイデンティティ　153, 162, 174
アイデンティティ拡散　153, 154
アイデンティティ達成　154
アイデンティティ地位　154
足場かけ　24, 85
東洋＊　105, 228
アタッチメント　67, 225
アタッチメント行動　67
アタッチメントの型　72
アタッチメントの個人差　71
安心の基地（安全基地）　69
安心の輪　78
移行対象　71
依存　149
一次的ことば　115
一次的信念　116
遺伝と環境　13, 14, 15, 30
インターネット　207, 208, 211, 213, 218
インテグリティ（統合）　199
ヴィゴツキー（Vygotsky, L. S.）＊　23, 24, 85
AAI（成人アタッチメント・インタビュー法）　77
英知　195, 199
エインスワース（Ainsworth, M.）＊　69, 72
SSP（ストレンジ・シチュエーション法）　74, 75, 76, 77
SNS（ソーシャル・ネットワーキング・サービス）　135, 208, 211
SOC（補償を伴う選択的最適化）　30, 194, 198
エピソード記憶　91

エリクソン（Erikson, E. H.）＊　11, 25, 153, 154, 162, 166, 184, 191, 199
エルダー（Elder, G. H.）＊　18, 19
延滞模倣　90
横断的研究　37
岡本祐子＊　156, 174
置き換え理論　213
奥行き知覚　56
小津安二郎＊　200
親離れ　148, 149
音韻意識　114

●か 行

外言　24, 85
回想法（ライフレビュー）　199
改訂日本版デンバー式発達スクリーニング検査　45
学習性無力感　109
隠れたカリキュラム　133
柏木惠子＊　107, 108
可塑性　18, 19, 32, 192
活動理論　196
カッパ係数（κ係数）　48
空の巣症候群　177
加齢効果　38, 39
感覚運動期　22, 57, 60
観察学習　124
観察者バイアス　44
気質　78
規準喃語　62, 82
北山忍＊　227
基本的信頼感　70
キャリア発達　162
ギャング集団　134

9歳の壁（10歳の壁）　119, 120
鏡映像　98, 99, 101
境界人　161
共感性　140
協働学習　123
共同注意　60, 61
共鳴動作　60, 99
ギリガン（Gilligan, C.）＊　139
均衡化　23, 58
具体的操作期　22, 116, 119, 129
グラウンデッド・セオリー法　48
ケア　184
形式的操作期　22, 129, 225
継続性理論　196
ゲゼル（Gesell, A.）＊　10, 13
結婚満足度　179
結晶性知能　193, 195
原始反射　52, 53, 58, 97
語彙爆発　83
攻撃性　210
向社会的行動　140, 141, 213
行動遺伝学　14, 77
高齢化　189, 191
コーホート効果（世代効果）　38, 39
コールバーグ（Kohlberg, L.）＊　103, 133, 137, 138, 139, 226
刻印づけ　17
心の理論　89, 90, 93, 106
個人主義　227
誤信念課題　89, 116

●さ　行
サクセスフル・エイジング　15, 196, 198
サッケード　54, 55
参加観察法　42, 43
三項関係　60, 61, 81

ジェネラティビティ　184
ジェネラルムーブメント　53, 54
シェマ　22, 58
ジェンダー・スキーマ理論　133
視覚的断崖　56, 57
時間見本法　43
ジグソー学習法　123
自己意識　101, 102
自己概念　129, 130, 162
自己強化　122
自己効力感　102, 122, 196
自己制御　106, 108, 109
自己中心性　24, 86, 87, 135, 137
自己調整学習　122
自己統制感　122
自己認知　98, 99, 101
自己有能感　103
思春期スパート　146
事象見本法　44
自然観察法　42, 43
自尊感情　102, 198
時代効果　38, 39
自他の分化　97, 98
実験　40, 41
実験的観察法　42
実行機能　92, 93
実践的知能　182
視点取得　106, 136, 137, 140
自伝的記憶　91, 92, 115
社会化のエージェント　131
社会性　106, 136
社会的学習理論　210
社会的参照　61, 69
社会的役割　162, 169
従属変数　40
集団主義　227

縦断的研究　35, 37, 38
重要な他者　151
熟達化　182, 183, 184, 193
熟達目標（習熟目標）　122
主体的制御　15, 182, 201
馴化－脱馴化法　55, 59
生涯発達　10, 11, 19, 30, 189
象徴機能　85, 87
情動的制御　198
初期経験　17, 18
職業生活　162, 181
初語　62, 63, 81
自立・自律　148, 149, 150
視力　55, 56
心的用語　88
新版K式発達検査　45, 98, 118
心理社会的危機　26, 153, 166
心理的離乳　148
遂行目標　122
睡眠　215
スーパー（Super, D. E.）＊　162, 163, 170
ストレンジ・シチュエーション法（SSP）　72, 225, 226
成功回避　133
省察的実践家　183
成熟優位説　14
成人アタッチメント・インタビュー法（AAI）　76
生態学的発達理論　27
性同一性　103
性の恒常性　103
性別違和　103
制約（バイアス）　83
性役割　131, 132, 133
生理的早産　15, 16
セルマン（Selman, R. L.）＊　136

前概念的思考段階　86
選好注視法　55
漸成説　26
前操作期　22, 85, 129
早期完了　154
相互協調的自己観　104, 228
相互作用説　13, 14, 21
相互独立的自己観　104, 228
喪失　194, 198, 199, 200
ソーシャル・コンピテンス　70

●た　行
第一次社会化　106, 135
第一反抗期　101, 148
対応規則の理解　114
対象の永続性　58, 59
第二次社会化　135
第二次性徴　145, 147
第2の分離－個体化　148
第二反抗期　148, 149
代理強化　124, 210
多重役割　183
脱衛星化　148
脱中心化　87, 116
短期記憶　118
知恵　199, 200
知覚の恒常性　58, 59
中年期危機　176
調査　40
調節　23, 58
直観的思考段階　87
追跡眼球運動　54, 55
津守式乳幼児精神発達診断検査　45
諦観　200
電子メディア　207, 209
伝統的性役割観　169

同化　22, 58
動機づけ　121
道徳性　136, 137
道徳的判断　137, 138, 139, 227, 234
独立変数　40
トマセロ（Tomasello, M.）*　60, 100

● な　行
内言　24, 85, 88
内省　195
内的ワーキングモデル（IWM）　71
仲間関係　134
ナラティブ　233
喃語　62
二次的ことば　115, 120
二次的信念　116, 117
日誌法　44
日本語マッカーサー乳幼児言語発達質問紙（JCDIs）　46
ニューガーテン（Neugarten, B. L.）*　190

● は　行
バーンアウト　164, 165
媒介　217, 218
ハヴィガースト（Havighurst, R. J.）*　11, 196
発生的認識論　21
発達加速現象　146
発達課題　13, 153, 166, 184
発達検査　45
発達指数　45
発達段階　11, 13, 22
発達年齢　45, 99
発達の最近接領域　23, 24
場面見本法　44
バルテス（Baltes, P. B）*　29, 32, 191, 192, 233, 235
晩婚化　166, 167, 177
晩産化　177
バンデューラ（Bandura, A.）*　41, 122, 133, 210
ピアジェ（Piaget, J.）*　21, 22, 23, 24, 26, 57, 85, 116, 117, 137, 225
非参加観察法　42, 43
肥満　216
表現規則の理解　113, 114
表象　85, 87
昼・夜課題　93
フィルタリング　218
夫婦間葛藤　180
夫婦関係　178, 179, 180
ブロンフェンブレンナー（Bronfenbrenner, U.）*　27, 29, 183, 201
文化　104, 225, 231
文化的産物　231
文化的自己観　104, 105, 227, 228, 235
平均発話長（MLU）　84
ボウルビィ（Bowlby, J.）*　17, 18, 67
保存課題　86, 87, 116
ボディイメージ　216
ポルトマン（Portmann, A.）*　16

● ま　行
マーカス（Markus, H. R.）*　227, 235
マークテスト　98
マーシャ（Marcia, J. E.）*　154
マクアダムス（McAdams, D. P）*　184, 233
マザリーズ　62
マシュマロテスト　108
未婚化　166, 167, 177
三つ山問題　117, 120
箕浦康子*　32, 234

メイン（Main, M.）＊ 76
メタ記憶 92, 93, 119
メタ認知 88, 118, 119, 121
メディア・リテラシー 217
メンター 165
物語 231, 233
模倣 69, 90
モラトリアム 154, 175

● や　行
役割葛藤 170
欲求不満耐性 109

● ら　行
ライフ・キャリア・レインボー 171
ライフ・ロール 170, 171
ライフイベント 176
ライフコース 160, 177

ライフサイクル 160, 178, 182
ライフサイクル論 25, 173, 185
ラポール 46, 47
リアリティ・ショック 164, 165
離脱理論 196
流動性知能 193
領域一般性 120
領域固有性 120, 225
レヴィン（Levin, K.）＊ 27, 161
レヴィンソン（Levinson, D. J）＊ 174
恋愛 166, 168
老化 11, 191, 192
老年的超越 191, 200
ローレンツ（Lorenz, K.）＊ 17

● わ　行
ワーキングメモリ 118, 119, 121
ワーク・ライフ・バランス 170, 185

分担執筆者紹介

(執筆の章順)

上原　泉（うえはら・いずみ）　・執筆章→3・4・6・8

1999年　東京大学大学院総合文化研究科博士課程修了
現　在　お茶の水女子大学教授・博士（学術）
専　攻　発達心理学，認知心理学
主な著書　『想像―心と身体の接点』（共著　ナカニシヤ出版）
　　　　　『記憶の心理学と現代社会』（分担執筆　有斐閣）
　　　　　『他者とかかわる心の発達心理学―子どもの社会性はどのように育つか』（分担執筆　金子書房）
　　　　　『Q&A 心理学入門：生活の疑問に答え，社会に役立つ心理学』（分担執筆　ナカニシヤ出版）

福島　朋子（ふくしま・ともこ）　・執筆章→5・10・11

1996年　白百合女子大学大学院文学研究科博士課程単位取得退学
現　在　岩手県立大学教授・博士（心理学）
専　攻　発達心理学，青年・成人心理学
主な著書　『新訂　子どもとかかわる人のための心理学』（共著　萌文書林）
　　　　　『心の科学』（共著　明星大学出版会）
　　　　　『発達家族心理学を拓く』（共編著　ナカニシヤ出版）

塘　利枝子（とも・りえこ） ・執筆章→7・9

1995年	白百合女子大学大学院文学研究科発達心理学専攻博士課程単位取得退学
現　在	同志社女子大学教授・博士（文学）
専　攻	発達心理学，文化心理学
主な著書	『子どもの異文化受容』（単著　ナカニシヤ出版） 『アジアの教科書に見る子ども』（編著　ナカニシヤ出版） 『発達家族心理学を拓く』（共編著　ナカニシヤ出版） 『異文化間教育のとらえ直し』（共編著　明石書店）

編著者紹介

向田久美子（むかいだ・くみこ）

・執筆章→1・2・12・13・14・15

2003年　お茶の水女子大学大学院人間文化研究科博士課程単位取得退学
現　在　放送大学准教授・博士（心理学）
専　攻　発達心理学，文化心理学
主な著書　『メディアと人間の発達』（共著　学文社）
　　　　　『新・乳幼児発達心理学』（共編著　福村出版）
　　　　　『心理学概論』（共著　放送大学教育振興会）

放送大学教材　1720023-1-1711（ラジオ）

新訂　発達心理学概論

発　行　　2017年3月20日　第1刷
　　　　　2024年1月20日　第7刷

編著者　　向田久美子

発行所　　一般財団法人　放送大学教育振興会
　　　　　〒105-0001　東京都港区虎ノ門1-14-1　郵政福祉琴平ビル
　　　　　電話　03（3502）2750

市販用は放送大学教材と同じ内容です。定価はカバーに表示してあります。
落丁本・乱丁本はお取り替えいたします。

Printed in Japan　ISBN978-4-595-31703-3　C1311